Bernhard Giese / Das Würde-Konzept

Schriften zur Rechtstheorie

Heft 45

Das Würde-Konzept

Eine normfunktionale Explikation
des Begriffes Würde in Art. 1 Abs. 1 GG

Von

Dr. Bernhard Giese

DUNCKER & HUMBLOT / BERLIN

Alle Rechte vorbehalten
© 1975 Duncker & Humblot, Berlin 41
Gedruckt 1975 bei Buchdruckerei A. Sayffaerth - E. L. Krohn, Berlin 61
Printed in Germany
ISBN 3 428 03443 0

*Johannes, dem Freunde
aus der Studienzeit gewidmet*

> Würde ist die konditionale Form
> von dem, was jemand ist.
>
> *Karl Kraus*

Vorwort

Explikation dient der Präzisierung unexakter Begriffe. Dafür besteht nicht immer Bedarf. Manchmal bedeutet beschränkte Explikation planvolle Unbestimmtheit, die es erlaubt, besonders viele Zwecke zu verfolgen. Jede ordentliche Norm zeichnet sich jedoch durch Bestimmtheit aus. Die Würdenorm hatte am Anfang, so scheint uns, einen Sonderzweck zu erfüllen: Rechtsvertrauen zu schaffen, das voraufgehend gründlich verloren ging. Zu Beginn der Bundesrepublik kam der Würdenorm die heikle Aufgabe zu, das beschmutzte Recht des zertrümmerten Deutschland auf Wiederverwendung zu prüfen und zuzulassen. Bildlich gesprochen geschah das so, daß altes Recht in neues Würde-Licht getaucht wurde und die Selektion nun danach erfolgte, ob noch braune Flecken sichtbar waren. Dieses Verfahren erlaubte es, relativ konservativ zu sein im Sinne größtmöglicher Bewahrung bewährten Rechtsbestandes.

Indes kontrastiert die Emphase des Bekenntnisses zur Würde doch merkwürdig mit dem Trickreichtum der Würdenormverwendung: So billig, so einfach ist die Wandlung von Saulus zu Paulus, derselbe zu bleiben und doch ein anderer zu werden? Die Gefahr dieser Prozedur ist die der Scheinbarkeit und des Lippenbekenntnisses. Das ist ein schlechter Anfang, mit Würde Ernst zu machen. Wir glauben, daß dem verklärend verunklärenden Würdebegriff nähere Explikation nur guttun kann. Interessant ist, daß Würde zu einem Zeitpunkt Thema wurde, als eine nationale Identitätskrise, eine Situationsanknüpfungsschwierigkeit zu meistern war. Auf diesen besonderen Zusammenhang kommen wir zurück.

Unsere Explikation beansprucht nicht, wahr zu sein. Wir erwägen Möglichkeiten der Adäquatheit des Verhältnisses von Würdebegriff und Würdenorm. Wir erstreben Adäquanz und Plausibilitätsgewinn.

Inhalt

Einleitung 11

A. Begriffsgeschichtliche Aspekte

1 Würde als Argument höchstrichterlicher Rechtsprechung 14
2 Synthetische Rekonstruktion des Würdebegriffs der Rechtsprechung .. 18
3 Begriffsbegriff 21
4 dignitas 23
5 dignitas-persona bei Thomas von Aquin 27
6 persona 28

B. Vergleichende Klärung

1 Würde in theologischer Dogmatik 33
2 Das Würde-Konzept Immanuel Kants 35
3 Würde in der Theologie der Aufklärung 40
4 Schiller: Würde als praktische Autonomie 41
5 Freud: Das Ich und das Es 42
6 Dürig: Kommentierte Würdenorm 44
7 Behrendt: Menschenwürde als Problem der sozialen Wirklichkeit 53
8 Luhmann: Würde als gelingende Selbstdarstellung 55

C. Konstruktive Bestimmung

1 Würde als Rechtmäßigkeitsgrenze der Organwalterweisung 60
2 Das Würde-Synonym: Wert oder Selbstdarstellung 62
3 Selbstdarstellung 63
4 Der systematische Standort der Würde 66
5 Vertrauen 67
6 Eigenverantwortung und Fremdverantwortung für Würde 69
7 Skinner: Jenseits von Freiheit und Würde 71

Inhalt

8 Würde und Ehre 72
9 Würde und Autorität 74
10 Würde des Menschen — Würde des Staates 76
11 Gemeinsam aktualisierbarer Sinn der Würdenorm 78
12 Scheinbare und mißverstandene Kommunikationswürde 81
13 Verhaltenslastverteilung bei Legitimation durch Verfahren 83
14 Würdeförderung durch komplementäre Selbstdarstellung 86
15 Würde und Takt 87
16 Kommunikationsnormen der Prozeßordnungen 90
17 Begriffliche Konstruktion von Takt 93
18 Der Beitrag des Taktes zur Legitimation durch Verfahren 97
19 Freitod und Würde 103
20 Menschenwürde im Betrieb 105
21 Würde als systemrationales Element 107

Literaturverzeichnis 109

Einleitung

Diese Arbeit widmet sich der Klärung der Funktion von Würde und Würde-Norm, Art. 1 GG. Normen des gesellschaftlichen Teilsystems Recht dienen einem Bedürfnis nach Orientierung an artikulierten, nicht insgeheim gehegten Erwartungen.

Die exzessive Enttäuschung von Würdewahrungserwartungen im Dritten Reich gab Anlaß zur rechtlichen Positivierung des Würdeschutzes. Das Gelingen der Positivierung, die Justiziabilität des Würdeschutzes ist zweifelhaft geblieben.

Wenn man davon ausgeht, daß die Würdenorm Art. 1 GG sinnvoll ist, dann muß ein Vorverständnis von Würde explizierbar sein, das die Würdenorm als zweckfunktional ausweist[1].

Die Existenz einer Norm impliziert die Positivierungsbedürftigkeit ihres Gegenstandes. Wer mit Nipperdey der Ansicht ist, der Begriff der Würde bedürfe keiner weiteren juristischen Definition, es handle sich um den Eigenwert, die Eigenständigkeit, die Wesenheit des Menschen schlechthin[2], oder mit Dürig meint, Menschenwürde sei als immer Seiendes, als unverlierbar und unverzichtbar Vorhandenes gedacht[3], verkennt Würde als Problem und interpretiert die Norm aus einem Vorverständnis, das die Norm entbehrlich macht.

Im Gegenzug wird nun das herkömmliche dogmatische Würdeverständnis auf die Haltbarkeit seiner Prämissen hinterfragt und unter Überschreitung der Grenzen rein juristischer Hermeneutik eine sozialwissenschaftlich unterlegende Auslegung versucht, die die Verstehbarkeit und den Normcharakter von Art. 1 GG sicherstellt[4].

Die Interpretationsschwierigkeiten von Würde und Würdenorm schildert Kriele[5] so:

„Wenn man sich vorstellt, daß man Art. 1 Abs. 1 GG losgelöst vom Problem interpretieren wollte, so würde man in unauflösbare Schwierigkeiten und auf Irrwege geraten. Schon die Feststellung der Begriffsmerk-

---

[1] Vgl. *Esser*, J.: Vorverständnis und Methodenwahl in der Rechtsfindung, 1970, S. 133 ff.
[2] *Nipperdey*, H. C.: Die Grundrechte, Bd. 2, S. 1.
[3] *Dürig*, G.: Grundgesetzkommentar, Art. 1 GG, Rdnr. 2.
[4] Vgl. dazu *Luhmann*, N.: Rechtssoziologie, 1972, Bd. 2, S. 218.
[5] *Kriele*, M.: Theorie der Rechtsgewinnung, 1967, S. 213 f.

male von Würde müßte unendliche Kontroversen auslösen. Will man das Wort definieren, so stellt sich schon die Frage nach der Methode. Soll man genus oder differentia angeben? Was wäre dann das genus?

Würde ist ein ... was? ein Wert? eine Seinsweise? eine Begnadung? Hat man sich für ein genus entschieden, so ist man erst recht in Schwierigkeiten geraten: Was ist z. B. ein Wert? Der Kontroversen wäre kein Ende. Sodann müßte man Auskunft geben über die differentia, die das genus spezifizieren. Oder soll man überhaupt nicht definieren, sondern stattdessen den Sprachgebrauch beschreiben? Welchen dann, den allgemeinen? Danach gibt es auch durchaus ‚Leute, die keine Würde haben'. Oder den juristisch-technischen, der und z. B. aus dem Kirchenrecht überkommen ist. Danach ist Würde an ein Amt gebunden. Oder einen philosophisch-theologischen und welchen dann? Den, der der Weltanschauung des Verfassunggebers zugehört? Aber dieser besteht aus einer Vielzahl von Teilnehmern, aus Katholiken, Protestanten, Atheisten, Konservativen, Liberalen, Sozialisten usw. — letztlich gibt es so soviele Ansichten wie Teilnehmer. Auch hängen viele einer Anschauung an, die den Würdebegriff gar nicht expliziert hat. Soll eine Präferenz zugunsten derer gelten, die auf eine Explikation hinweisen konnten? Soll man auf neuere (nachkonstitutionelle) Entwicklungen z. B. des evangelisch-theologischen Würdebegriffs Rücksicht nehmen? Soll man sich mit dem Minimalgehalt des Begriffs begnügen, dem alle zustimmen können? Wird der Begriff dadurch nicht so inhaltlos, daß der Wesensgehalt des Art. 1 angetastet würde?"

Wer wie Nipperdey die Definitionsbedürftigkeit des Würdebegriffs und wie Kriele die konsensfähige Definierbarkeit überhaupt leugnet, diskreditiert die Leistungsfähigkeit der Rechtswissenschaft. Es ist zwar richtig, daß die juristische Hermeneutik mit ihrem Instrument der grammatischen, logischen, historischen und systematischen Auslegung über kaum mehr verfügt als ein hölzernes Gewehr. Eine Schärfung des Instrumentariums liegt jedoch nah. Wissenschaft vollzieht sich heute als Forschung. Daraus folgt zunächst ein Abrücken von fixer Gegenständlichkeit und die Schärfung des Blicks für Kontingenz, die Abwertung von Wahrheit wegen ihrer Wirkung als Denkverbot.

Zur Erarbeitung einer Konsensbasis für Weltrecht mag es nützlich sein, auf Rechtsprobleme das kritisch-rationale Verfahren der Sozialwissenschaft anzuwenden, nämlich zuerst gründlich zu problematisieren und festzustellen, worauf es ankommt. Dann werden Lösungen vorgeschlagen und im Rahmen einer Vorteil-Nachteil-Analyse ausprobiert, kritisiert. Wenn ein Lösungsversuch der sachlichen Kritik nicht zugänglich ist, so wird er eben deshalb als unwissenschaftlich ausgeschaltet, wenn auch vielleicht nur vorläufig[6]. Woher die Lösungsversuche kommen, ist grundsätzlich gleichgültig. Der Wettbewerb um das rechtlich brauchbarste Würde-Konzept hat kaum begonnen, weil

---

[6] *Popper*, K. R.: Die Logik der Sozialwissenschaften, in: *Adorno*, Th. W.: Der Positivismusstreit in der deutschen Soziologie, 1969, S. 105 f. (Sechste These).

der sozialwissenschaftliche Lösungsversuch sich noch nicht deutlich als Alternative zum traditionell religiösen profiliert hat, sondern mehr nebenbei abfiel[7].

Der Begriff im Wettbewerb unterläßt den Versuch des Durchgriffs auf Gerechtigkeit und Wahrheit. Perfektionsideen sind alternativenfeindlich, weil die Alternative den beleidigt, dessen Entwurf bereits Anspruch erhob, an Wahrheit und Gerechtigkeit teilzuhaben und dementsprechend zum Glauben animierte statt zur Kritik. Wer widerspricht, kritisiert, bestimmte Negation für angebracht hält, hat nicht nur die Beweislast, sondern muß zugleich sich gegen das Odium des Ketzers wehren. Das gilt besonders dort, wo die Tragfähigkeit religiöser Argumente geprüft und ihre Ersetzbarkeit erwogen wird.

Kritikfeindliches, autoritätsgläubiges institutionelles Rechtsdenken versagt sich den Blick auf Alternativen, weil Alternativen die Institution bedrohen. Kontingentes Rechtsdenken dagegen setzt voraus, daß Zweckerfüllungen und Problemlösungen stets auch anders möglich sind und jeder Entscheidungsprozeß daher mit der Durchsicht des Kontingents von Mitteln und Lösungsmöglichkeiten zu beginnen hat. Durchsicht bezeichnet Selektion nach Maßgabe funktionaler Optimierung. Perfektion wird dabei so gedacht, daß sie weniger von der Fehlerfreiheit des Reduktionsprozesses als von der voraufgegangenen Kontingenzerhöhung abhängt.

---

[7] *Luhmann*, N.: Grundrechte als Institution, 1965, 4. Kapitel.

A. Begriffsgeschichtliche Aspekte

1. Würde als Argument höchstrichterlicher Rechtsprechung

Als Vordergrund für die nachfolgenden Untersuchungen soll zunächst der von der Rechtsprechung verwendete Würdebegriff analysiert werden. Die über zwei Jahrzehnte währende Einübung in Würdeargumentation gewinnt bereits rechtstatsächliche Konturen, die vor ihrer gänzlichen Verfestigung noch einmal im Licht der Kontingenz auf ihre Zweckmäßigkeit überprüft werden sollen.

Die vorliegenden Arbeiten zum rechtlichen Würdebegriff von Wertenbruch[1] und Künkele[2] sind überwiegend dogmatisch orientiert, die von Maihofer[3] hebt mehr auf philosophische Literatur ab.

Bei der Analyse gehe ich nun so vor, daß ich in den amtlichen Entscheidungssammlungen des

        A. Bundesverfassungsgerichts
        B. Bundesarbeitsgerichts
        C. Bundesgerichtshof in Zivilsachen
        D. Bundesgerichtshof in Strafsachen
        E. Bundesverwaltungsgerichts

anhand des Hinweises der Gesetzesregister auf Art. 1 GG die Würdezitate aufsuche, ihre Themen im Kontext zusammenstelle und auf die Relevanz des Würdearguments prüfe. An Stelle der Zitate selbst folgt darauf die synthetische Konstruktion des Würdebegriffs der Rechtsprechung und seine Untersuchung auf Vorteile, Nachteile, Entwicklungschancen.

Fundstelle	Thema	Würdeargument verändert die Rechtslage ja (+) nein (—)
A. BVerfGE		
1, 104 f.	Grundrechtsanspruch auf Staatsversorgung	(—)
5, 204 f.	Bedeutung der Würde in der freiheitlichen Demokratie	(+)

---

[1] *Wertenbruch*, W.: Grundgesetz und Menschenwürde, 1958.
[2] *Künkele*, S.: Die positiv-rechtlichen Auswirkungen des Art. 1 Abs. 1 Satz 1 GG, Diss. Tübingen 1958.
[3] *Maihofer*, W.: Rechtsstaat und menschliche Würde, 1968.

1. Würde als Argument höchstrichterlicher Rechtsprechung

Fundstelle	Thema	Würdeargument verändert die Rechtslage ja (+) nein (—)
6, 433	Strafbarkeit aus § 175 StGB	(—)
7, 204	Bedeutung der Grundrechte für das bürgerliche Recht	(+)
9, 171	Erforderliche Intensität der Würdeverletzung	(—)
15, 255	Würde und Auslieferung	(—)
15, 286	Würde und Ehre	(+)
16, 194	Würde und Verbot der Unfallflucht	(—)
19, 99	Beschwerderecht des Geschäftsunfähigen	(+)
20, 32	Ausschluß der Einklagbarkeit des Ehemäklerlohns	(—)
21, 369	Anspruch auf Schutz und Teilhabe	(+)
22, 28	Würde und Verkehrsunterricht	(—)
22, 265	Ehrverletzung aus fiskalischen Gründen	(—)
23, 134 f.	Würde und Zumutbarkeit	(—)
24, 144	Würde, Rechtseinräumung, Pflichtbindung	(+)
25, 285	Würde und Art. 103 Abs. 2 GG	(+)
25, 330	Einheitsfreispruch	(—)
25, 365	Würde und Gnadenentscheidung	(+)
27, 6	Grenzen statistischer Befragung	(+)
28, 10	Verurteilung zu widerrufender Erklärung	(—)
28, 263	Jenseits Art. 4 Abs. 3 GG keine Berufung auf Art. 1 GG	(—)
28, 389	Würde und Verbot kurzer Freiheitsstrafe	(—)
30, 194	Herabwürdigung nach dem Tode	(+)
30, 214 f.	Würdeschutz als Einschränkung von Art. 5 Abs. 3 Satz 1 GG	(+)
32, 373	Beschlagnahmefreiheit ärztlicher Karteikarten	(+)
33, 32	Zeugeneid und Toleranzgebot	(+)
34, 245	Heimliche Tonbandaufnahme	(+)
34, 281	Persönlichkeitsrechtsschutz	(+)

B. BArbGE
4, 278 f.	Zölibatsklausel	(+)
15, 275	Psychologische Untersuchung	(+)
19, 227	Gewerkschaftswerbung im Betrieb	(+)
20, 85	Betriebsbuße	(—)
21, 374	Rücksichtspflicht, Zumutbarkeit	(+)

Die Bewertungen (+), (—) beziehen sich nicht auf die konkrete Streitentscheidung, sondern auf die grundsätzliche Relevanz des Würdearguments, auch bei bloß hypothetischer Erwägung.

C. BGHZ
13, 338	Persönlichkeitsrecht als Grundrecht	(+)
15, 261	Interessenabwägung	(+ —)
23, 180	Ausschluß vom Strombezug	(—)
24, 208	Heimliche Bildaufnahme	(+)
26, 354	Innerer Persönlichkeitsbereich	(+)

Fundstelle	Thema	Würdeargument verändert die Rechtslage ja (+) nein (—)
27, 286 ff.	Heimliche Tonbandaufnahme	(+)
30, 10 ff.	Allgemeines Persönlichkeitsrecht	(+)
33, 23	Heimliche Tonbandaufnahme	(+)
35, 367 f.	Lückenhafter privatrechtlicher Persönlichkeitsschutz vor Erlaß des Grundgesetzes	(+)
35, 9 f.	Handlungsbefugnis des Geschäftsunfähigen	(+)
37, 190	Beweislast bei Widerrufsanspruch	(+)
39, 131	Genugtuung in Geld bei Persönlichkeitsrechtsverletzung	(+)
41, 327	Einstehen für Folgen des Versagens	(—)
48, 333	Rolle als Verfahrenssubjekt	(+)
50, 139	Schutz des Lebensbildes	(+)
56, 191	Religiöses Eheverbot	(—)
57, 71	Geschlechtsänderung	(+ —)

(+ —) bedeutet: Im Prinzip ja, aus speziellem Grund jedoch nein.

D. BGHSt

5, 334 f.	Erhaltung der Persönlichkeit	(+)
11, 249	Züchtigungsbefugnis	(—)
14, 364	Behandlung des Beschuldigten	(+)
17, 387	Zeugenaussage V-Mann	(—)

E. BVerwGE

12, 270 f.	Gewissensschutz umfaßt Würdeschutz	(—)
14, 25	Heiratserlaubnis	(—)
17, 346 f.	Psychologische Untersuchung	(—)
18, 33	Meldepflicht für weibliche Angestellte in Gaststätten	(—)
18, 109	Pflicht zur Führung eines Fahrtenbuches	(—)
19, 186	Interessenabwägung Wahrheitsfindung — Persönlichkeitsschutz	(+ —)
20, 193	Sozialhilfe	(+)
23, 153	Nachrang der Sozialhilfe	(+ —)
24, 264	Rechtsbehelf vor Verfassungsbeschwerde	(—)
26, 183	Pflichtengleichheit	(—)
27, 63	Fürsorge für Berufschance	(+)
31, 236	Namensschreibung durch Computer	(—)
31, 338	Schutz vor Willkür	(+)
35, 230	Hinnahme staatlicher Maßnahmen	(+ —)

Würde wird verletzt durch:

a) Ehrverletzung		BVerfGE	15, 286
b) Versagung des Beschwerderechts gegen Anordnung der Zwangspflegschaft		BGHZ	35, 9 ff.
		BVerfGE	19, 99
c) gewisse Auflagen bei Gnadenentscheidung		BVerfGE	25, 365

Würde als Argument höchstrichterlicher Rechtsprechung   17

d) schrankenlosen Einblick in die persönlichen Verhältnisse mittels Statistik   BVerfGE   27, 6 f.
e) Verfälschung des Lebensbildes nach dem Tode   BGHZ   50, 139
 BVerfGE   30, 194 ff.
f) Beschlagnahme ärztlicher Karteikarten   BVerfGE   32, 373
g) Verletzung des Toleranzgebots   BVerfGE   33, 32
h) heimliche Tonbandaufnahme   BGHZ   27, 286 ff.
 BGHZ   33, 23
 BVerfGE   34, 245
i) Zölibatsklausel   BArbGE   4, 278 f.
j) gewisse psychologische Untersuchungen   BArbGE   15, 275
k) aufdringliche Gewerkschaftswerbung im Betrieb   BArbGE   19, 227
l) heimliche Bildaufnahme   BGHZ   24, 208
m) Widerrufspflicht trotz fehlender Widerlegung   BGHZ   37, 190
n) Vorenthaltung der Rolle eines Verfahrenssubjektes   BGHZ   48, 333
o) Aufopferung der Persönlichkeit   BGHSt   5, 334 f.
p) Mißachtung des Menschtums   BGHSt   14, 364
q) unterlassene Güterabwägung   BVerwGE   19, 186
r) unterlassene Fürsorge   BVerwGE   27, 63
s) Willkür   BVerwGE   31, 338

Würde wird *nicht* verletzt durch:

a) Versagung der Staatsversorgung   BVerfGE   1, 104 f.
b) Kriminalstrafe aus § 175 StGB   BVerfGE   6, 433
c) § 23 WiStG   BVerfGE   9, 171
d) Auslieferung   BVerfGE   15, 255
e) Verbot der Unfallflucht   BVerfGE   16, 194
f) Nichteinklagbarkeit des Ehemäklerlohns   BVerfGE   20, 32
g) § 467 Abs. 2 StPO   BVerfGE   22, 265
h) Nichtbeachtung der Unzumutbarkeit   BVerfGE   23, 134
i) Einheitsfreispruch   BVerfGE   25, 330
j) Verurteilung zu widerrufender Erklärung   BVerfGE   28, 10
k) Spezialität des Art. 4 Abs. 3 GG gegenüber Art. 1 GG   BVerwGE   12, 270 f.
 BVerfGE   28, 263
l) § 14 Abs. 1 StGB   BVerfGE   28, 389
m) Betriebsbuße   BArbGE   20, 85
n) Ausschluß vom Strombezug   BGHZ   23, 180
o) Einstehenmüssen für Folgen eigenen Versagens   BGHZ   41, 327
p) Zölibat aus religiösen Gründen   BGHZ   56, 191
q) Versagung der Geschlechtsänderung mangels gesetzlicher Regelung   BGHZ   57, 71
r) körperliche Züchtigung   BGHSt   11, 249
s) Verwertung Zeugenaussage V-Mann   BGHSt   17, 387
t) Erfordernis der Heiratserlaubnis   BVerwGE   14, 25
u) Psychologische Untersuchung   BVerwGE   17, 346 f.
v) Meldepflicht   BVerwGE   18, 33
w) Pflicht zur Führung eines Fahrtenbuches   BVerwGE   18, 109
x) Rechtsmittelversäumung   BVerwGE   24, 264
y) Pflichtengleichheit   BVerwGE   26, 183
z) oe statt ö Computerschrift   BVerwGE   31, 338

2. Synthetische Rekonstruktion des Würdebegriffs der Rechtsprechung

Unter synthetischer Rekonstruktion wird eine ausgewählte Satzzusammenstellung verstanden. Zur Erzielung prägnanter Aussagen ist es teilweise erforderlich, Satzverschachtelungen aufzulösen, Kürzungen und Vereinfachungen vorzunehmen. Diese sind durch „(vgl. ...)" gekennzeichnet.

In der freiheitlichen Demokratie ist die Würde des Menschen der oberste Wert. Der Mensch ist danach eine mit der Fähigkeit zu eigenverantwortlicher Lebensgestaltung begabte Persönlichkeit. Sein Verhalten kann daher nicht determiniert sein. Er wird vielmehr als fähig angesehen, und es wird ihm demgemäß abgefordert, seine Interessen und Ideen mit denen der anderen auszugleichen (BVerfGE 5, 204). Im Lichte dieses Menschenbildes kommt dem Menschen in der Gemeinschaft ein sozialer Wert- und Achtungsanspruch zu. Es widerspricht der menschlichen Würde, den Menschen zum bloßen Objekt im Staat zu machen (BVerfGE 27, 6 f.). Ein Verstoß gegen die Menschenwürde liegt nicht vor, wenn der Bereich der sittlichen Persönlichkeit des Menschen nicht berührt ist (vgl. BVerfGE 9, 171). Wenn es das Grundrecht von der Unverletzlichkeit der menschlichen Würde verbietet, den Menschen zum bloßen Objekt eines gerichtlichen Verfahrens zu machen, so bedeutet das insbesondere, daß er nicht ohne ein Mindestmaß eigener Initiative im Sinne des Rechtsangriffs oder der Rechtsverteidigung Gegenstand eines Verfahrens werden darf (BGHZ 35, 9 f.). Alle staatliche Entscheidung hat den Eigenwert der Person zu achten und die Spannung zwischen Person und Gemeinschaft im Rahmen des auch dem Einzelnen Zumutbaren auszugleichen (vgl. BVerfGE 5, 204 f.). Der Staat ist ein Instrument der ausgleichenden sozialen Gestaltung, nicht der Unterdrückung durch die Ausbeuter zur Aufrechterhaltung ihrer Ausbeuterstellung (BVerfGE 5, 205). Mit der Voranstellung des Grundrechtsabschnittes wollte das Grundgesetz den Vorrang des Menschen und seiner Würde gegenüber der Macht des Staates betonen (BVerfGE 7, 204). Die Grundrechte sollen dem Einzelnen die Voraussetzung für eine freie aktive Mitwirkung sichern (vgl. BVerfGE 21, 369). Die Nichtbeachtung der Unzumutbarkeit ist kein Verstoß gegen die Menschenwürde. Die verschiedene Relevanz der Zumutbarkeit bei Ersatzdienstverweigerern und anderen Straftätern beruht auf einer Regelung der Verfassung (vgl. BVerfGE 23, 134 f.). Die Treue- und Rücksichtspflicht der Arbeitnehmerin und die durch den Mutterschutz geprägte Fürsorge- und Rücksichtspflicht des Arbeitgebers sind ausschlaggebend; alle wesentlichen Umstände des Falles sind nach Zumutbarkeitsgesichtspunkten zu berücksichtigen (vgl. BArbGE 21, 374 f.). Der Staat läßt eine Ausnahme von der pflichtbegründenden Norm zu,

2. Synthetische Rekonstruktion des Würdebegriffes der Rechtsprechung

um einen unausweichlichen Konflikt zwischen staatlichem Gebot und Glaubensgebot zu lösen. Damit wird Art. 1 Abs. 1 GG entsprochen. Das Gebot staatlicher Toleranz gilt insbesondere gegenüber Minderheiten (vgl. BVerfGE 33, 32).

Würde kommt dem Menschen kraft seines Personseins zu (vgl. BVerfGE 30, 194). Im Verhältnis zu Art. 2 Abs. 1 GG, der die freie Entfaltung der Eigenpersönlichkeit sichert, ist Art. 1 Abs. 1 GG daher weniger auf die Individualität als auf die Personalität bezogen (BVerfGE 30, 214). Die Art. 1 und 2 des Grundgesetzes schützen das, was man die menschliche Personhaftigkeit nennt (vgl. BGHZ 26, 354). Nachdem nunmehr das Grundgesetz das Recht des Menschen auf Achtung seiner Würde und auf freie Entfaltung seiner Persönlichkeit auch als privates, von jedermann zu achtendes Recht anerkennt, muß das allgemeine Persönlichkeitsrecht als ein verfassungsmäßig gewährleistetes Grundrecht angesehen werden (vgl. BGHZ 13, 338). Das allgemeine Persönlichkeitsrecht beruht darauf, daß die Menschenwürde unantastbar ist (BGHZ 30, 10). Die Verletzung des inneren Persönlichkeitsbereichs, der der eigenverantwortlichen Selbstbestimmung des Einzelnen untersteht, ist rechtlich dadurch gekennzeichnet, daß sie immaterielle Schäden erzeugt, die sich in einer Persönlichkeitsminderung ausdrücken (vgl. BGHZ 26, 354). Wer eine heimliche Tonbandaufnahme in den Händen eines anderen weiß, wird das lähmende und seine Menschenwürde beeinträchtigende Gefühl eines Preisgegebenseins schwerlich überwinden können (vgl. BGHZ 27, 286). Kraft des Persönlichkeitsrechts kann der einzelne von anderen verlangen, daß sie nicht unbefugt in diesen persönlichen Bereich eindringen. Die Grenzen des Persönlichkeitsrechts verlaufen da, wo jener unantastbare persönliche Bereich des einzelnen, der sich in die Gemeinschaft einfügen und auf die Rechte anderer Rücksicht nehmen muß, endet (BGHZ 30, 10 ff.). Persönlichkeitsrechtliche Interessen müssen unter Umständen einem klar überwiegenden Interesse weichen (vgl. BGHZ 15, 261). Die unter dem Einfluß der Wertentscheidung des Grundgesetzes erfolgte Ausbildung des zivilrechtlichen Persönlichkeitsschutzes wäre aber lückenhaft und unzureichend, wenn eine Verletzung des Persönlichkeitsrechts keine der ideellen Beeinträchtigung adäquate Sanktion auslösen würde. Die Ausschaltung des immateriellen Schadensersatzes im Persönlichkeitsschutz würde bedeuten, daß Verletzungen der Würde und Ehre des Menschen ohne eine Sanktion der Zivilrechtsordnung blieben, in der zum Ausdruck kommt, daß wesentliche Werte gestört sind und daß der Verletzer dem Betroffenen für das ihm angetane Unrecht eine Genugtuung schuldet. Die Rechtsordnung würde dann auf das wirksamste und oft einzige Mittel verzichten, das geeignet ist, die Respektierung des Personwertes des einzelnen zu sichern (BGHZ 35, 367 f.).

Die Verfassung kann niemandem Rechte an der Person eines anderen einräumen, die nicht zugleich pflichtgebunden sind und die Menschenwürde des anderen respektieren (vgl. BVerfGE 24, 144).

Art. 103 Abs. 2 GG geht von dem rechtsstaatlichen Grundsatz aus, daß keine Strafe ohne Schuld verwirkt wird. Dieser Grundsatz wurzelt in der vom Grundgesetz vorausgesetzten und in Art. 1 Abs. 1 und Art. 2 Abs. 1 GG verfassungskräftig geschützten Würde und der Eigenverantwortlichkeit des Menschen (BVerfGE 25, 285). In der Achtung vor dem geltenden Recht kann eine Verletzung der Menschenwürde nicht liegen (vgl. BVerfGE 28, 10). Gnadenerweise dürfen nicht unter Auflagen gewährt werden, die gegen Art. 1 Abs. 1 GG verstoßen (vgl. BVerfGE 25, 365). Die dem Richter auferlegte Zurückhaltung bei der Verhängung von Freiheitsstrafen unter sechs Monaten erfolgte im Interesse der Persönlichkeit des Einzelnen und seiner Würde, weil kurze Freiheitsstrafen für nachhaltige Erziehungsarbeit nicht ausreichen, sondern sogar verbrechenfördernde Wirkung auf den Bestraften haben (vgl. BVerfGE 28, 389).

Die Entschließungsfreiheit des Beschuldigten für seine Einlassung zur Anklage bleibt unangetastet. Bei erwiesener Schuld darf und muß er zur Sühne unter das verletzte Recht gebeugt werden. Über die gesetzlichen Beschränkungen hinaus darf seine Persönlichkeit dem Anliegen der Verbrechensbekämpfung nicht aufgeopfert werden. Zur Entfaltung und Entwicklung der Persönlichkeit gehört ein lebensnotwendiger seelischer Eigenraum, der auch im Strafverfahren unangetastet bleiben muß (vgl. BGHSt 5, 334 f.). Die rechtsstaatliche Grundhaltung der Strafprozeßordnung läßt es nicht zu, gegen den Beschuldigten in menschenunwürdiger Weise zu verfahren. Es ist auch sonst kein Grundsatz der Strafprozeßordnung, daß die Wahrheit um jeden Preis erforscht werden müßte (vgl. BGHSt 14, 364 f.).

Da Menschenwürde und Freiheit jedem Menschen zukommen, sind die Menschen insoweit gleich (vgl. BVerfGE 5, 204 f.). Das Sozialhilferecht konkretisiert hierbei die Pflicht des Staates zum Schutz der Menschenwürde und damit zugleich die Sozialpflichtigkeit des Staates, wie sie sich aus Art. 20 GG ergibt. Die Sozialhilfe soll eine Hilfsbedürftigkeit beseitigen, deren Fortbestehen die Menschenwürde des Hilfesuchenden verletzen würde (BVerwGE 23, 153). Die Vorschriften des Bundessozialhilfegesetzes müssen so verstanden werden, daß sie die elementaren Sätze der Verfassung über die Wahrung der Würde des Menschen verwirklichen (vgl. BVerwGE 20, 193). Wenn dem Staat der Schutz der Menschenwürde anvertraut ist, so kann die Fürsorge nicht mehr als polizeiliche Armenpflege verstanden werden. Sie ist ein Teil der der staatlichen Gewalt aufgegebenen aktiven Sozialgestaltung, innerhalb derer der einzelne Hilfesuchende eine Subjektstellung einnimmt. Damit ist die Schwelle verlegt, bei deren Unterschreitung der Gesetzgeber einzugreifen hat. Sie ist dann unterschritten, wenn der einzelne Hilfesuchende ohne das Eingreifen der staatlichen Gewalt in seiner Personwürde Schaden nehmen würde. Es würde dem dem Fürsorgerecht innewohnenden Gedanken des Vorrangs der Selbsthilfe widersprechen, wenn er nicht auf die Möglichkeit verweisen würde, durch Anspannung seiner eigenen Kräfte den beruflichen Aufstieg zu suchen. Gerade hierin finden Freiheit und Würde der Person deutlichen Ausdruck. Es entspricht dem Wesen der Fürsorge als der Sorge für die Erhaltung der Personenwürde, die Ausbildung als faire Berufschance zu sehen (vgl. BVerwGE 27, 63).'

Diese Zusammenstellung dient nicht dem Zweck, Ablehnung oder Zustimmung vorzubereiten. Wir benötigen Information darüber, in welcher Richtung die Rechtsprechung die Funktion der Würdenorm sucht. Wir gehen zwar von der Würdevorstellung der Rechtsprechung aus, distanzieren uns aber, um eine selbständige Linie zu entwickeln. Mag die zu findende mit der der Rechtsprechung kontrastieren oder harmonieren, jedenfalls streben wir eine Klärung der Funktion von Würde und Würdenorm an. Als Methode verwenden wir Arbeit am Begriff.

3. Begriffsbegriff

Begriffe beziehen sich auf Anschauungen. „Anschauungen und Begriffe machen also die Elemente aller unsrer Erkenntnis aus, so daß weder Begriffe, ohne ihnen auf einige Art korrespondierende Anschauung, noch Anschauung ohne Begriffe, ein Erkenntnis abgeben können[4]." Begriffe strukturieren das Denken und wirken der totalen Haltlosigkeit beliebiger Meinungen und Lehren entgegen[5]. So werden Begriffe vornehmlich nach ihrer Klarheit eingeteilt, und zwar in klare und dunkle, deutliche und undeutliche, adäquate und nicht adäquate. Der deutliche Begriff ist ein solcher, von dem man die Merkmale angeben kann. Merkmal ist Bestimmung, wodurch ein Dritter sich den Begriff merkt[6]. Begriffe sind Bedingung für die Nachvollziehbarkeit und Kritisierbarkeit von Denkleistungen. Ein Begriff ist adäquat, wenn er die Probe mit der Übereinstimmung der Realität besteht.

Die Arbeit am Begriff berücksichtigt neue Erfahrungen. Begriffe beziehen sich auf Wirklichkeit und werden inadäquat, wenn sich Wirklichkeit wandelt. Zweck der Arbeit am Begriff ist die Wahrung der Wirklichkeitsnähe von Begriffen. Begriffsbildung knüpft an Sachverhalte an, die wirklich gegeben sind. Phänomene brauchen Begriffe, um

---
[4] *Kant*, I.: KrV tr. Log. Einl. I, Bd. 3, S. 97.
[5] Vgl. *Horn*, J. C.: Monade und Begriff, 1965, S. 139 ff., S. 157.
[6] *Hegel*, G. W. F. Logik II, Bd. 5, S. 53 f.

intersubjektiv perzipierter Wirklichkeit zuzugehören; das Phänomen ist das Beispiel seines Begriffs. Der Jurisprudenz wird der Vorwurf gemacht, zuweilen ein System selbstgemachter Begriffe vor den Lebensprozeß der Gesellschaft zu schieben[7]. Im Begriff entschließt sich Denken zum Ausdruck dann, wenn eine Reihe von Gedanken im Begriff konvergieren. Im Begriff begreift das Subjekt denkend ausdrücklich. Der Begriff ist die Würde des Denkens, dessen Freiheit darin besteht, dialektisch über das Gedachte, Begriffene, Ausgedrückte hinauszugehen. Denn Dialektik ist die Schuld des Gedankens an dem, was er denkt[8]. Empirische Begriffe orientieren sich am Beobachtbaren, sie zielen auf Operationalisierung, auf eine Versuchsanordnung, die das begriffene Phänomen reproduziert. Unempirische Begriffe dienen im Rahmen der Metaphysik der Erkenntnis des nicht bedingt Absoluten. Unempirische Begriffe religiöser Provenienz sind in ihrer Verstehbarkeit an Konfessionsgrenzen, an ein Segment spezifischer Intersubjektivität gebunden. Innerhalb dieser Grenzen kann religiöse Dogmatik hohe kommunikative Kompetenz für begriffliche Arbeit beanspruchen infolge ihrer Erfahrung im Umgang mit Texten und Begriffen. Gleichwohl sinkt die Autorität religiöser Begrifflichkeit, weil ihre Adäquanz in anderen gesellschaftlichen Teilsystemen, in Politik, Wirtschaft und Wissenschaft immer zweifelhafter wird. Aus Gründen umfassender Intersubjektivität hat die Wissenschaft weltweit die Betreuung der Begriffe übernommen. Religiöse Begrifflichkeit behandelt den Bibeltext als Wirklichkeit und benutzt Denken erst auf der Basis des Offenbarungsglaubens. Wissenschaftliche Begriffe fungieren ohne Rücksicht auf Konfessionsgrenzen. Begriffe sind riskante und alternde Selektionen, die auf Kritik angewiesen sind und ohne Konsens belanglos werden. Begriffe leisten Evolution im Prozeß der Bestimmbarkeit des Wirklichen und Möglichen. Begriffe ordnen Vielfalt strukturierend zur Verstehbarkeit dessen, was es gibt und was sich machen läßt. Begreifen kann als Modus des Weltverstehens gedacht werden, das die Klärung von Zusammenhängen und Unterschieden erfordert, um Möglichkeiten des Handelns zu eröffnen. Begriffe dienen der Artikulierung des Denkbaren, der Vermittlung des Machbaren, der Überleitung von Theorie in Praxis. Begreifen durch Begriffe ist eine instrumental abstraktive Handlungsweise[9]. In diesem Sinn vertrete ich einen funktionalen Begriffsbegriff.

Rechtsnormen artikulieren in der Regel Verhaltenserwartungen gegenüber den Rechtsgenossen. Rechtsbegriff und Normkontext müssen

---

[7] Vgl. *Adorno*, Th. W.: Negative Dialektik, 1966, S. 303.
[8] Vgl. ebd., S. 15.
[9] Vgl. *Kamlah* und *Lorenzen*: Logische Propädeutik, 1967; ferner: *Wittenberg*, A. I.: Vom Denken in Begriffen, 1957, S. 272.

miteinander kompatibel sein, um das Erwarten zu erleichtern und nicht zu verunsichern. Die angeordnete Rechtsfolge muß geeignet sein, für den Tatbestand relevant zu werden. Im Fall der Würdenorm Art. 1 GG ist das zweifelhaft: Inwiefern ist es sinnvoll, Unantastbares zu achten und zu schützen? Würde als Rechtsbegriff leidet an Unbestimmtheit, der zunächst begriffsgeschichtlich begegnet werden soll.

4. dignitas

Einen erheblichen Teil der Begriffsgeschichte von Würde beansprucht dignitas. Im Griechischen steht für Würde axioma, axia, vereinzelt doxa, gewöhnlich: axioma enim Graece dignitas dicitur[10]. Die hier geführte Untersuchung erarbeitet ihren Ertrag weniger durch weit ausholenden als vielmehr durch gezielten Zugriff auf die vor-, früh- und hochchristliche Begriffsentwicklung von dignitas.

Das Ergebnis soll als Basis dienen zur Konstruktion eines Würdebegriffs, der für Jurisprudenz, Theologie und Sozialwissenschaft interdisziplinär brauchbar ist. Dafür hilfreich kann die Nachzeichnung des Würdebegriffs in Philosophie und Literatur sein.

Epikur postulierte ein Recht der Lust, die natürliche Harmonie von Würde und Glück, deren wesentliche Voraussetzung private Ungestörtheit ist[11]. Wurde die Bedrohtheit der Würde zuerst in der Entgegensetzung von Physis und Nomos, von Menschnatur und Ordnungsgesetz gesehen, so ging man davon aus, daß Würde dem Menschen natürlich innewohne und durch reglementierende Zumutung Schaden nehmen könne. Würde war identisch mit Unversehrtheit des Privatlebens.

Hinsichtlich der lateinischen Begriffsentwicklung von dignitas vor Cicero ist wenig bekannt[12]. Bei den folgenden Schriftstellern der republikanischen Zeit begegnet dignitas als für das Römertum typischer Grundbegriff. Dignitas kennzeichnet die Eigenschaft eines Menschen, der laude, gloria, honore dignus ist[13]. Dignitas entsteht durch häufig erwiesene öffentliche Anerkennung und Ehrung seitens der Mitbürger. Als politischer Wertbegriff bedeutet dignitas: Achtung, Ansehen, Stellung, Geltung. Dignitas ist Grundgesetz des Handelns und Ziel des in der Öffentlichkeit wirkenden Römers: der Erhöhung der dignitas gilt seine Lebensarbeit[14]. In welcher Stufenfolge der Römer zur dignitas

---
[10] Zitiert nach *Dürig, W.*: Dignitas, Sp. 1031 unten.
[11] Vgl. *Bloch, E.*: Naturrecht und menschliche Würde, 1961, 5. Kapitel: Über das Naturrecht Epikurs und der Stoa.
[12] *Dürig*, Sp. 1024.
[13] *Wegehaupt, H.*: Die Bedeutung und Anwendung von dignitas in den Schriften der republikanischen Zeit, 1932, S. 9.
[14] *Dürig*, Sp. 1026.

gelangt, zeigt gut Cic. orat. 2, 347: Neque tamen illa non ornant, habiti honores, decreta virtutis praemia, res gestae iudiciis hominum comprobatae[15]. Honos ist Mittel zur Erzielung von dignitas, honos bedeutet Anerkennung der merita und res gestae eines Römers im Urteil der Mitbürger; honos ist die Anrechnung von Verdiensten zur Ehre. Die Ansammlung von honos, honores verdichtet sich zu dignitas, in der die Erinnerung an einmal bewährte Tüchtigkeit bewahrt und umgesetzt wird in Vertrauen auf ihr Fortwirken[16]. Dignitas ist Bewährung der Persönlichkeit im Dienst der Allgemeinheit, die dem honore dignus Amt und weitere ehrenvolle Aufgabe anvertraut. Hier schon zeichnet sich die Funktion der Würde ab, Vertrauen zu rechtfertigen. Wem vertraut der Römer? Dem, der verdienstvoll handelt, der merita erwirbt, sich durch honore auszeichnet, deswegen dignus und vertrauenswürdig ist.

Cic. ad Att. 7, 11, 1: ubi est autem dignitas nisi ubi honestas[17]?

Cic. inv. 2, 166: dignitas est alicuius honesta et cultu et honore et verecundia digna auctoritas[18].

Dignitas ist Schwankungen unterworfen, weil sie durch Anerkennung und Ehrung von außen konstituiert wird. Sie kann ganz verloren gehen, aber auch wiedergewonnen werden: sie dauernd zu erhöhen und gegen jede Herabminderung zu schützen ist das eifrigste Bemühen des Römers[19]. Dignitas bezeichnet die Ehre des einzelnen, die in der Unversehrtheit seiner bürgerlichen Existenz besteht. Der Gegensatz dazu ist die Schande eines Zustands sozialer Beeinträchtigung[20].

Für den Römer gehört dignitas nicht zur natürlichen und gleichen Grundausstattung des Menschen, sondern will erworben sein durch öffentlich nützliche Tätigkeit im Unterschied zu denen, die nur für ihr privates Wohl sorgen. Dignitas bezeichnet den Standpunkt der virtus im Gegensatz zur voluptas[21]. Erwerb und Zusprechung von dignitas erfordern altruistische Strebung. Selbstverständlich ist es dem Römer, daß dignitas von ihm selbst, seiner Tatkraft und Leistung abhängt und zwar so, daß die für das Gemeinwesen nützliche Tätigkeit vorgeleistet wird und der Erwerb von dignitas nur anspruchslos wahrscheinlich ist. Erst in der Spätzeit gegen Ende der Republik wird dignitas als Anspruch gegen die res publica vertreten[22].

---
[15] Zitiert nach *Dürig*, Sp. 1026.
[16] *Wegehaupt*, S. 11.
[17] Zitiert nach Thesaurus Linguae Latinae, Dignitas, Sp. 1135.
[18] Zitiert nach *Wegehaupt*, S. 52.
[19] *Dürig*, Sp. 1027.
[20] *Wegehaupt*, S. 76 f.
[21] Vgl. *Wegehaupt*, S. 35.
[22] *Dürig*, Sp. 1028.

4. dignitas

Der Bezug von dignitas zum Recht wird deutlich bei Cic. inv. 2, 160: iustitia est habitus animi communi utilitate conservata suam cuique tribuens dignitatem[23].

Zu besserem Verständnis ziehe ich zwei weitere iustitia-Definitionen heran:

I. 1.1 pr: iustitia est constans et perpetua voluntas ius suum cuique tribuens.

Iustitia est aequitas ius unicuique rei tribuens pro dignitate cuiusque[24].

Cic. off. 1, 42: Videndum est enim ..., ne maior benignitas sit quam facultates, tum ut pro dignitate cuique tribuatur, id enim est iustitiae fundamentum[25].

Dignitas dient zur Auslegung, was suum cuique sei.

Suum cuique tribuere bedeutet soviel wie cuique dignitatem tribuere und cuique pro dignitate tribuere. Wenn diese Gleichsetzung haltbar ist, fungiert dignitas als Zumessungskriterium, jedermann das zuteil werden zu lassen, im Guten wie im Schlechten, was seine Taten wert sind. Die iustitia dignitatis besteht demnach darin, dignitatem pro dignitate tribuere, nicht im Sinne von l'art pour l'art, sondern im Sinne von Würde je nach Würdigkeit. Damit erhält dignitas jene Zweideutigkeit, die auch dem Wertbegriff eigen ist: einerseits bezeichnet sie ein Gut, andererseits einen Maßstab.

Beziehen wir dieses Ergebnis versuchsweise zurück auf die Anwendung von Würde als Argument höchstrichterlicher Rechtsprechung, so wird deutlich, daß diese Zweideutigkeit nicht erkannt und differenziert wird, sondern Würde einerseits als Gut behandelt wird, wenn das Persönlichkeitsrecht um ihretwillen besteht, andererseits aber als Zurechnungsmaßstab, wenn man annimmt, daß das Schuldprinzip wesentlich auf der Würde des Menschen beruhe.

Würde ist des Verdienstes Preis, wie Schuld Strafe fordert. Das ist die imputatio pro dignitate.

In der dignitas des vorchristlichen Römers wird der Ursprung der Ungleichheit unter den Menschen manifest. Gleichheit wohnt ihr nur insofern inne als jeder pro dignitate beurteilt wird. Dignitas ist demnach kein gleichmachendes Prinzip, sondern ein Chancengleichheit gewährendes differenzierendes Prinzip.

Die große Bedeutung von dignitas im Leben des Römers zwang die frühchristlichen Schriftsteller zur Stellungnahme. Felix[26] schreibt[27]:

---

[23] Zitiert nach *Wegehaupt*, S. 37.
[24] Zitiert nach Thesaurus Linguae Latinae, Dignitas, Sp. 1135.
[25] Zitiert nach *Wegehaupt*, S. 37, Fn. 14.
[26] *Marcus Minucius Felix*: Apologet des 2. Jahrhunderts.
[27] Zitiert nach *Dürig*, Sp. 1028 f.

Fascibus et purpuris gloriaris? Vanus error hominis et inanis cultus dignitatis, ...

Hilarius[28] fragt in seinem Kommentar zum Matthäusevangelium 16, 11: Quid afferemus ad vitam? Praeparatos credo terrenarum opum futuris commerciis thesauros, ambitiosos dignitatum famaeque titulos, aut veteres delicatae nobilitatis imagines? Neganda sunt haec omnia, ut melioribus abundemus[29]. Ambrosius[30] erklärt: ... omnis dignitas saecularis diabolicae subiaceat potestati[31].

Leo der Große: Non aliter in nobis erit dignitas divinae maiestatis nisi fuerit imitatio voluntatis ... Agnosce, o Christiane, dignitatem tuam, et divinae consors factus naturae, noli in veterem vilitatem degeneri conversatione redire[32].

Von Leo stammt auch die oratio Deus qui humanae substantiae dignitatem[33]. Die römische dignitas saecularis wird abgelöst von der christlichen dignitas divinae maiestatis.

Diese Entwicklung wird verständlich durch die Ausbreitung des neuen Glaubens, der das Weltverständnis der Gläubigen radikal ändert. Man geht in sich und lernt aus der Heiligen Schrift. Paulus sagt im 1. Korinther 7, 31: Die mit der Welt zu tun haben, sollen leben, als lebten sie nicht. Da bleibt kein Raum für weltlich zu erwerbende Würde. Der Mensch wird inne, daß an seinem Verhältnis zu Gott mehr liegt als an der gemeinschaftsbezogenen Prestigeposition in der Verflechtung der Ämter. Die Bekehrung zum christlichen Glauben trennt den homo novus interior vom homo vetus exterior. Bekehrung bedeutet reditus in se ipsum als Bedingung des Aufstiegs zu Gott. Würde wird durch die Dynamik des Glaubens von aller Äußerlichkeit abgezogen und nun als Bevorzugung des Menschen durch Gott bei der Schöpfung begriffen. Leo lehrt die dignitas condicionis humanae, die Würde der am Anfang herrlichen und vollkommenen Menschennatur[34]. „Wenn einerseits die Verwundung der dignitas humanae condicionis durch Unenthaltsamkeit geschehen ist und andererseits ohne die Enthaltsamkeit das imperium mentis nicht bestehen kann, so dürfen wir in der Herrschaft und der Macht des Geistes die ursprüngliche Würde der humana condicio und in der Beeinträchtigung der Geistesherrschaft und Geistesmacht deren Verwundung sehen[35]." Der für den nichtchrist-

---
[28] *Hilarius von Poitiers* (315 - 367).
[29] Siehe Fn. 27.
[30] *Ambrosius* (340 - 397), Bischof von Mailand.
[31] Siehe Fn. 27.
[32] Siehe Fn. 27.
[33] *Dürig*, W.: Imago, 1952, S. 76.
[34] Vgl. *Dürig*: Dignitas, Sp. 1030.
[35] *Dürig*: Imago, 1952, S. 127.

lichen Römer geltenden Stufenordnung: virtus, res gestae (merita), honores, dignitas, officium steht also in der Theologie des christlichen Römers folgende Ordnung entgegen: gratia conditionis et renovationis, dignitas, officium, res gestae (virtus)[36].

Vorchristlich-säkulare Würde war selbstverursacht, die christliche Würde ist Gnadenerweis Gottes.

Das Vordringen der christlichen Lehre vollzieht sich in negierendem Gegenzug zu römisch selbstbewußter Weltlichkeit. Das trifft auch für Augustinus zu:

civ. D. 5, 12: Quando quidem gloria est, cuius illi cupiditate flagrabant, iudicium hominum bene de hominibus opinantium; et ideo melior est virtus, quae humano testimonio contenta non est nisi conscientiae suae[37].

In der Ablehnung der Hochschätzung von gloria liegt zugleich Kritik an der römischen dignitas-Auffassung[38].

War dignitas früher durch altruistische Hingabe an die res publica zu gewinnen, so wird dem Christen nicht die Gewinnung, sondern die Verlierbarkeit von Würde zum Problem: Nach dem Bilde Gottes geschaffen, würdig also durch Teilhabe in Gestalt und Denkvermögen an der Person Gottes, würdig durch vorzügliche Ausstattung und hervorragenden Rang in der Schöpfungsordnung[39], neigt der Mensch doch zur Sünde, zum Abfall von Gott, und hat nur geringste Aussicht, am eigenen Verhalten gemessen vor Gott als würdig und gerechtfertigt zu erscheinen. — Die Stabilisierung des christlichen dignitas-Verständnisses zeigt sich bei Thomas von Aquin.

5. dignitas-persona bei Thomas von Aquin[40]

S th I, 42, 4 ad 2: dignitas est absoluta et ad essentiam pertinet. — III Sent 35, 1, 4: dignitas significat bonitatem alicuius propter se ipsum, utilitas vero propter aliud. — Hier wird die Ablösung von den Bedingungen irdischer Würdeverursachung vollends deutlich. Die Zugehörigkeit der dignitas zur Essentia raubt der dignitas ihre Variabilität. Dignitas als bonitas propter se ipsum erhält eine Wendung ins Egoistische, indem sie keinen Anreiz mehr zu altruistischem Verhalten bietet. Dignitas wird so aus irdischem Umweltbezug gelöst und als Problem des Seelenheils auf das Verhältnis Gott — Mensch spezialisiert. Ge-

---

[36] Vgl. *Dürig:* Dignitas, Sp. 1030 f.
[37] Zitiert nach dems., ebd., Sp. 1029.
[38] Siehe Fn. 37.
[39] Vgl. *Pico della Mirandola,* G.: De dignitate hominis, 1490.
[40] Die Zitatanregungen stammen von *Lenz,* J.: Die Personwürde des Menschen bei Thomas von Aquin, Philos. Jb. 49 (1936), S. 138 - 166.

meinnütziges Verhalten wird zur bloßen Utilitätsfrage abgewertet. Im übrigen treten bei Thomas dignitas und persona in enger Verknüpfung auf:

S th II-II, 32, 5: persona dignitatem importat. — Pot 8, 4: persona videtur esse nomen dignitatis. — S th I, 29, 3: persona significat id, quod est perfectissimum in tota natura. Impositum est hoc nomen persona ad significandum aliquos dignitatem habentes. — Pot 8, 4 ad 5: persona est hypostasis proprietate distincta ad dignitatem pertinente. — Pot 9, 3: modus existendi quem importat persona, est omnium dignissimus.

Thomas verwendet persona in gleicher Definition wie Manlius Boethius: S th I, 29, 1: persona est rationalis naturae individua substantia. — Demnach muß persona Substanz sein, im Gegensatz zum Akzidens, das eine unvollkommene Seinsweise bezeichnet. Sie muß individua oder singularis sein im Gegensatz zur allgemeinen Natur, die kein selbständiges Dasein hat. Individua substantia wird sie durch das Vermögen, „per se existens" zu sein: S th III, 2, 2 ad 3: Sciendum est, quod non quodlibet individuum in genere substantiae etiam in rationali natura habet rationem personae, sed solum illud, quod per se existit. — Von Bedeutung ist das Merkmal der natura rationalis: Pot 9, 2: Hoc nomen persona est speciale nomen individui rationalis naturae ..., excluduntur inanimata corpora, plantae et bruta, quae personae non sunt. —

Würde verlangt also Vernunft. Bei Thomas bestehen Personeigenschaft und Würde nicht fort, wenn Vernunft wegfällt: Pot 8, 4: Apud nos remotis ab aliquo homine his, quae ad dignitatem pertinent, quae faciunt eum esse personam remanet eius hypostasis. —

Der Mensch verliert Vernunft und Würde auch dadurch, daß er sündigt: S th II-II, 64, 2 ad 3: Ad tertium dicendum quod homo peccando ab ordine rationis recedit: et ideo dedicit a dignitate humana, prout scilicet homo est naturaliter liber et propter se existens. —

Die Frage der Verlierbarkeit der Würde ist in der Reformation und in der modernen Theologie streitig geblieben. Darüber später[41]. — Zunächst weckt die begriffliche Nähe von persona und dignitas bei Thomas von Aquin Hoffnung, in der Begriffsgeschichte von persona Anhaltspunkte für das Würdeverständnis zu finden.

6. persona

Zur Begriffsgeschichte von persona liegt reichhaltige Literatur vor[42], der wir für unsere Zwecke Information entnehmen wollen, wie Person zu Würde kommt.

---

[41] Unten S. 33 f., 44 f.
[42] Als Literaturüberblick vgl. Brockhaus-Enzykl., 1972, Bd. 14, S. 401.

6. persona

Als Grundbedeutung von Persona muß ‚Maske' betrachtet werden, die auf der Theaterbühne verwendet wird und durch die der Schauspieler hindurchspricht, griech.: prosopon, lat.: per-sonare, vgl.[43]. „Wenn die Griechen mit dem Wort prosopon Antlitz oder Maske bezeichneten, so hatten sie dabei sicher das Drama vor Augen, in welchem sich die Personen im Ich und Du lebendig bewegen[44]." Auch Thomas von Aquin setzt persona so an[45]:

„sumptum est nomen personae a personando eo, quod in tragoediis et comoediis recitatores sibi ponebant quandam larvam ad repraesentandum illum, cuius gesta narrabant decantando[46]."

Aus der Sicht des Schauspielers ist persona etwas Falsches, ein Täuschungsmittel, etwas, das nur äußeren Schein hervorrufen soll. Hier ist persona die Hülle, die über etwas liegt, wozu sie nicht von vornherein gehört, sondern den Kern verbirgt[47]. Aus der Sicht des Zuschauers im Publikum ist es umgekehrt: Er sieht in der persona dessen, der z. B. Ödipus spielt, nicht den maskierten Schauspieler, sondern den wahrhaftigen Ödipus.

Der Zuschauer denkt an die persona nicht an etwas, was der Schauspieler angelegt hat, sondern als an etwas, was dieser Ödipus nicht ablegen darf, wenn er Ödipus bleiben will; dem Zuschauer wird persona geradezu das Wesentliche[48]. So zeugt persona aus Schein Wirklichkeit.

Dieser Sachverhalt interessiert im Hinblick auf Würde. Denn wie bringt sich Würde zur Geltung, wenn nicht durch persönliche Darstellung, die der Interaktionspartner (für) wahr nehmen soll? In dieser Perspektive gerät Würde ins Zwielicht von Wahr/Falsch, von Anschein und Scheinbarkeit, sonach wäre der Hochstapler ein Würdekünstler, der sich erfolgreich den Anschein gibt, hochgradig kreditwürdig zu sein[49]. Es leuchtet jedoch ein, daß die Person als Würdeträger ihr Ausdrucksrepertoire benutzt, um Würde als sozial erwünschtes, nämlich vertrauenerweckendes Verhalten an den Tag zu legen, statt Würde unter den Scheffel zu stellen, wovon die Person nur Nachteil hätte, weil versteckte Würde als fehlende Würde gewertet wird. — Wir halten zunächst fest, daß persona für Würde Ausdrucksmittel ist, wobei die Präsentation von Würde kein Kriterium liefert, ob sie als bluffende Hochstapelei Mißtrauen verdient oder als Identitäts- und Konsistenz-

---

[43] *Rheinfelder*, H.: Das Wort ‚persona', 1928, S. 6.
[44] *Trendelenburg*, A.: Zur Geschichte des Wortes Person, in: Kantstudien XIII, S. 10.
[45] Zitiert nach *Schütz*, L.: Thomas-Lexikon, 1958, S. 592.
[46] I sent. 23.1.1 c.
[47] *Rheinfelder*, S. 8.
[48] *Rheinfelder*, S. 7.
[49] Vgl. *Mann*, Th.: Bekenntnisse des Hochstapler F. Krull, 1954.

versprechen Vertrauen rechtfertigt. Würde ist ein Wechsel auf die Zukunft, ein Bewährungsbedürftiges. Wer um eine Chance nachsucht, kann die Würde, auf die die Chance abzielt, noch nicht als Besitzstand vorweisen, sondern muß va banque spielen, Würde solange scheinen lassen bis Würde (wirklich) wird.

Kant bringt den Sachverhalt des darstellenden Scheins, der durch Bewährung Wirklichkeit wird, auf folgende Form[50]:

„Die Menschen sind insgesamt, je zivilisierter, desto mehr Schauspieler: sie nehmen den Schein der Zuneigung, der Achtung vor anderen, der Sittsamkeit, der Uneigennützigkeit an, ohne irgendjemand dadurch zu betrügen; weil ein jeder andere, daß es hiermit eben nicht herzlich gemeint sei, dabei einverständigt ist, und es ist auch sehr gut, daß es so in der Welt zugeht. Denn dadurch, daß Menschen diese Rolle spielen, werden zuletzt die Tugenden, deren Schein sie eine geraume Zeit hindurch nur gekünstelt haben, nach und nach wohl wirklich erweckt und gehen in die Gesinnung über. — Aber der Betrüger in uns selbst, die Neigung zu betrügen, ist wiederum Rückkehr zum Gehorsam unter das Gesetz der Tugend, und nicht Betrug, sondern schuldlose Täuschung unserer selbst[50]."

Kehren wir zur Begriffsgeschichte von persona zurück, so interessiert nun die etymologische Version des Placidus[51]: „persona eo quod per se una est." Wenn sie dem Benedektinermönch Placidus auch zur Erläuterung der Dreieinigkeit von Gottvater, Sohn und Heiliger Geist in einer Person diente, so läßt sie sich doch abstrahieren als Einheit des vielfältig Dargestellten und letztlich als Identität der Person interpretieren.

Im 11. Jahrhundert schreibt Papias zu persona: „Persona dicitur quia per se sonat, id est per se sonando se ipsum demonstrat[52]."

Versucht man ‚personare' und ‚per se una' auf gemeinsamer Linie zu interpretieren und ‚individua substantia rationalis naturae' einzubeziehen, so ergäbe eine pragmatisch sinnsuchende, weniger etymologische Wahrheit anstrebende Konstruktion: Die persona einer individua substantia bezeichnet ihre se ipsum demonstrationes, deren natura rationalis darin besteht, per se una, d. h.: widerspruchslos zu sein. Würde wäre dabei Gegenstand und Ziel der Selbstdarstellung. Eine Fehlleistung der persona wäre es, Schuld oder Schande auf sich zu ziehen. Die Person in ihrer Verhaltensflexibilität verantwortet daher Schuld und Würde.

---

[50] *Kant*, I.: Anthropologie, Didaktik, § 12. Von dem erlaubten moralischen Schein, GW Bd. 12, S. 442.
[51] Zitiert nach *Rheinfelder*, S. 21, Fn. 1.
[52] Zitiert nach dems., ebd., S. 21.

6. persona

So sagt später Kant[53]: „Person ist dasjenige Subjekt, dessen Handlungen einer Zurechnung fähig sind." — Und[54]: „Daß der Mensch in seiner Vorstellung das Ich haben kann, dadurch ist er eine Person und, vermöge der Einheit des Bewußtseins, bei allen Veränderungen, die ihm zustoßen mögen, ein und dieselbe Person, d. i. ein von Sachen durch Rang und Würde ganz unterschiedenes Wesen[54]." Schiller[55]: „Die Abstraktion unterscheidet in dem Menschen etwas, das bleibt, und etwas, das sich unaufhörlich verändert. Das Bleibende nennt sie eine Person, das Wechselnde seinen Zustand[55]." Persona als darstellende Maske muß notwendig veränderlich sein. Gleichwohl können widerspruchslose Darstellungen der persona diese als per se una, als konsistent bleibende ausweisen. Das mag die Würde der Person sein im Sinne erwünschter Invarianz, honoriger Identität.

Person und Würde fanden wir voraufgehend im Verhältnis Darstellende/Dargestellte. Die Person als darstellend agierende drückt Würde aus, um beim Adressaten des Ausdrucks den Eindruck der Würde zu provozieren. Dieser kann täuschen, Person und Würde stehen im Zwielicht von wahr/falsch und stellen den Reagierenden vor die Wahl, Vertrauen/Mißtrauen zu erweisen. Die Person zielt immer auf Würde und Vertrauen, auch wenn sie falsch spielt. — Der Person steht als Darstellerin ein Repertoire von Verhaltensfreiheit, ein Verhaltensspielraum offen, der sowohl angemessen variables Verhalten als auch identisch gleichsinnig kontinuierliches Handeln verglichen mit dem Vorverhalten sicherstellen soll. So stehen Person und Würde im Schnittpunkt der Unterscheidung veränderlich/unveränderlich.

Unschärfeprobleme treten schließlich auf im Zusammenhang mit Gleichheit/Ungleichheit.

Folgt man Boethius und Thomas von Aquin, so sind persona und dignitas Ausweis gleichen Menschtums. Nach außen hin abgrenzend gegen andere Lebewesen sind Person und Würde ein gleichmachendes Prinzip: als Mensch hat jeder Würde und Personsein. Nach innen hin jedoch repräsentieren persona und dignitas bald Rangunterschiede. Es hatte sich schon im klassischen Latein an das Wort persona der Sinn ‚Würde' geknüpft[56]. In Frankreich und England wird im 12. und 13. Jahrhundert mit persona ein bestimmter geistlicher Würdenträger, mit personatus sein Amt bezeichnet[57]. Personae heißen dann auch die, denen neben dem Amt Pfründe anvertraut sind, im Unterschied zu denen,

---

[53] Zitiert nach *Grimm*, J. + W.: Deutsches Wörterbuch, Stichwort ‚Person', Siebenter Band, 1889, S. 1583.
[54] Siehe Fn. 53.
[55] Siehe Fn. 53.
[56] *Rheinfelder*, S. 84.
[57] *Rheinfelder*, S. 108 ff.

die nicht in Amt und Pfründen sind. Diese Entwicklung erklärt sich ausgehend von der persona-Bedeutung im klassischen Latein: Mensch nach seinem Werte[58]. Der Vornehme nennt die Tieferstehenden und seine Untergebenen personae minores[59].

Personare erhält neben hindurchtönen auch die Bedeutung: laut verkünden, laut preisen[60]. So wird persona ein status laudationis, eine Bezeichnung für anerkannte Befähigung, die eine Belehnung mit Amt, Würde, Pfründen rechtfertigt. Wir beenden den begriffsgeschichtlichen Hinweis auf persona mit der Feststellung, daß der Bedeutungswandel von persona und dignitas parallel verlief. In römisch-vorchristlicher Zeit fungieren beide variabel und Ungleichheit begründend. In christlicher Zeit werden beide als Ausweis göttlicher Seinsordnung zunächst zum invariablen Gleichheitssymbol menschlicher Befindlichkeit vor Gott umgewertet. Demgegenüber setzt sich ein Differenzierungsbedarf nach Ungleichheit durch und verwendet Person wie Würde als Zuweisungskriterium für einen Standort in hierarchischer Weltordnung.

---

[58] Ders., ebd., S. 90.
[59] Ders., ebd., S. 91.
[60] Ders., ebd., S. 92.

B. Vergleichende Klärung

1. Würde in theologischer Dogmatik

In dieser Untersuchung kommt es auf eine ausgreifend-felddeckende Zusammenstellung nicht an, vielmehr genügt zum spezifischen Zweck des Grundlagenüberblicks eine exemplarisch-repräsentative Darstellung, zumal der Bezug der Dogmatik auf die Heilige Schrift außer Streit ist. Ich folge im wesentlichen Thielickes Theologischer Ethik[1]. Der christliche Würdebegriff beruht auf dem Bibeltext der Schöpfungsgeschichte Genesis 1, 26: Der Mensch ist nach dem Bilde Gottes geschaffen.

Die Würde des Menschen ist seine Gottebenbildlichkeit. In der Möglichkeit des Menschen, sich zu sich selbst zu verhalten, besteht seine imago-Würde[2].

Die imago Dei bedeutet Gabe und Aufgabe: Gott hat den Menschen mit seinem Odem begabt und spricht ihn an, d. h. er stellt ihn als Du sich selbst gegenüber[3].

Würde als Gabe bezeichnet etwas Verliehenes und drückt folglich nicht die eigene, sondern die fremde Würde des Menschen aus, eine Würde nämlich, die in dem und durch den begründet ist, der sie verleiht[4].

Zur Frage, ob Gottebenbildlichkeit, ob die imago-Würde des Menschen verloren werden kann, sagt Thielicke:

Einen solchen Verlust der Gottebenbildlichkeit kann es zweifellos nicht geben; sie bildet einen character indelebilis[5].

Abweichend hiervon verstand die Reformation die imago Dei als einen status integritatis, den der Mensch besessen und durch den Sündenfall verloren hat[6]. Brunner spricht gleichsinnig von zerstörter Gottebenbildlichkeit[7].

---

[1] *Thielicke*, H.: Theologische Ethik, Bd. 1.
[2] Ders., ebd., Rdnr. 825.
[3] Ders., ebd., Rdnr. 794.
[4] Ders., ebd., Rdnr. 836.
[5] Ders., ebd., Rdnr. 837.
[6] Vgl. *Barth*, K.: Kirchliche Dogmatik, 1927, Bd. III/I, S. 225.
[7] *Brunner*, E.: Der Mensch im Widerspruch, 1941, S. 129.

Thielicke verdeutlicht seine These der fremden unverlierbaren Würde durch das Gleichnis vom verlorenen Sohn, Lukas 15, 11 - 32. Wenn der Sohn sagt: „Vater, ich habe gesündigt gegen den Himmel und vor dir; ich bin hinfort nicht mehr wert, daß ich dein Sohn heiße", dann bekennt er damit den Verlust aller eigenen dignitas[8]. Wenn der Vater dann sagt: „Bringet das beste Kleid hervor ..., gebt ihm einen Fingerreif an seine Hand und Schuhe an seine Füße", so wird klar, daß der Sohn auf das angeredet wird, was er durch eigene böse Tat verwirkt hat. Damit ist die christliche imago-Würde bestimmt als das Bild, das Gott von uns hat und das also unverlierbar in Gott geborgen ist[9].

Bedenkt man diese Ausführungen im Hinblick auf unsere vorangegangene Untersuchung, so nimmt Thielicke eine Würdeverdoppelung vor: eine durch Wohlverhalten zu wahrende dignitas-Würde und eine trotz Fehlverhalten bestehende imago-Würde. Letztere wirkt geradezu als Reserve-Würde, auf die es umgekehrt proportional zum Gelingen eigener dignitas-Wahrung ankommt. Imago-Würde ist gnadenhaft göttliches Wohlwollen. — Thielicke spricht die praktische Aktualität des Würde-Problems an im Zusammenhang mit den Verhörtechniken und der Anwendung von sogenannten Wahrheitsdrogen im Prozeß gegen den ungarischen Kardinal Mindszenty im Jahre 1949. „Der Kardinal, der zum Martyrium bereit war, widerruft (infolge der Wahrheitsdroge) und gesteht alles, was man von ihm verlangt. Er ist nicht mehr ‚er selbst'; man hat ihm die Steuerungsfähigkeit seiner selbst genommen. Man hat den status confessionis chemisch beseitigt. Man kann also den personalen Bestand eines Menschen antasten[10]."

„Wer oder was ist nun dieser seiner Menschlichkeit beraubte Kardinal? Wenn wir ontologisch denken, stehen wir hier vor dem völligen Bankerott. Denn alle ontischen Merkmale sind ja eliminiert: Das Gewissen ist betäubt, die Vernunft hat ihre Begriffe verloren, der Wille ist verdampft, die Freiheit ist dem Zustand der Marionette gewichen. Wo existiert die imago dieses Kardinals? Sie existiert im Herzen Gottes[11]."

Diese Ausführungen sind für das Würdeverständnis lehrreich. Denn es besteht ein Würdeproblem, obwohl die imago-Würde im Herzen Gottes unverlierbar ist. Juristisch relevant ist die Beeinträchtigung der Eigensteuerungsfähigkeit des Menschen und die Antastung des personalen Bestandes. Wozu das staatliche Rechtswesen imstande ist, hat

---
[8] *Thielicke*, H., Bd. 1, Rdnr. 838.
[9] Ebd., Rdnr. 819.
[10] *Thielicke*, Rdnr. 817.
[11] Ebd., Rdnr. 820.

Nazijustiz und Judenverwaltung gezeigt[12]. Von daher wird denkbar, dem Recht nicht nur Unterlassung und Verhinderung antastender Beeinträchtigung personaler Selbststeuerung, sondern positive Würdevorsorge aufzugeben.

2. Das Würde-Konzept Immanuel Kants

Vom vierten bis zum achtzehnten Jahrhundert galt die theologische Würdevorstellung konkurrenzlos in der Weise, daß Würde als objektiv vorauszusetzende Gegebenheit gedacht wurde. — Die Kantische Philosophie stellt eine wesentliche Station auf dem Wege der Subjektivierung des Gegebenen dar[13]. Als gravierende Neuerung, wenn nicht als Affront gegen die religiöse Denkform mußte Kants Satz aufgefaßt werden: „Autonomie ist also der Grund der Würde der menschlichen und jeder vernünftigen Natur[14]." — Das ‚Also' dieses Satzes täuscht über das Ausmaß der Aufmerksamkeit, das Kant dem Thema Würde gewidmet hat. Würde lag nicht im Brennpunkt seines Denkens, wie die gestreute Verteilung seiner Würdezitate anzeigt.

Würde ist ihm ein Argument unter anderen zur Begründung des kategorischen Imperativs betreffend die autonom sittliche Handlungsanweisung. „Also ist Sittlichkeit und die Menschheit, sofern sie derselben fähig ist, dasjenige, was allein Würde hat[15]." — Autonome Würde paßt argumentativ zum erklärten Ziel der Aufklärung, den Ausgang aus selbstverschuldeter Unmündigkeit zu weisen[16]. Am Ende der vorzitierten Schrift heißt es: (der Hang und Beruf zum freien Denken) „wirkt allmählich zurück auf die Sinnesart des Volkes ... und endlich auch sogar auf die Grundsätze der Regierung, die es ihr selbst zuträglich findet, den Menschen ... seiner Würde gemäß zu behandeln"[17]. Fragt man sich, warum Kant Würde abweichend von der theologischen Tradition konzipiert, so läßt sich antworten: Das heteronome Würde-Konzept göttlich verliehener imago-Würde liefert keinen Beitrag zu Kants Anliegen, das menschliche Vermögen zu mehren, sich seines Verstandes ohne Leitung eines anderen zu bedienen[18]. — Was dem Theologen als beglückende Wahrheit erscheint: „Das Christentum hat mit seiner Lehre von der Menschwerdung und Erlösung die Würde des Menschen in ein wunderbares Licht gerückt. Die kommenden Jahrhunderte sind dann im Lichte dieser beglückenden Wahrheit von der

---
[12] Vgl. *Adler*, H. G.: Der verwaltete Mensch, 1974.
[13] *Schulz*, W.: Philosophie in der veränderten Welt, 1972, S. 262.
[14] *Kant*, I.: Grundlegung zur Metaphysik der Sitten, Bd. 7, S. 69.
[15] Ders., ebd., S. 68.
[16] Ders.: Beantwortung der Frage: Was ist Aufklärung?, Bd. 11, S. 53.
[17] *Kant*, I.: Was ist Aufklärung?, Bd. 11, S. 61.
[18] Ders., ebd., S. 53.

Würde des Menschen den Erdentag gewandelt"[19], — nennt Kant „Faulheit und Feigheit, gerne zeitlebens unmündig zu bleiben"[20].

Kant sucht den Übergang zu vermitteln vom heteronomen Gebotsgehorsam zur sittlich autonomen Eigenverantwortung, in der der Mensch reflektiert, was er wollen kann:

„Die Vernunft bezieht also jede Maxime des Willens als allgemein gesetzgebend auf jeden anderen Willen und auch auf jede Handlung gegen sich selbst aus der Idee der Würde eines vernünftigen Wesens, das keinem Gesetz gehorcht als dem, das es zugleich selbst gibt[21]."

In diesem Satz wird Gehorsam zum Politikum. Die Würde eines vernünftigen Wesens verbietet den Gehorsam gegenüber einem Geseztesbefehl, den der Adressat nicht wollen kann, weil er, der Befehl, widervernünftig ist. Positiv genommen bedeutet dann Würde Teilhabe an gesetzgebender Vernunft, negativ kann das Urteil des Adressaten über die Unvernunft des Befehls Gehorsam verbieten. Das Würde-Argument führt in das hierarchische Befehl-Gehorsam-Modell eine kritische Dimension ein, die zur Prüfung anhält, ob der Befehl der Vernunft dessen, dem Gehorsam angesonnen wird, zumutbar ist. Darin klingt Unteilbarkeit der Vernunft an und Unvereinbarkeit von Würde und blindem Gehorsam.

Auf dieser Linie liegt auch der praktische Imperativ[22]: „Handle so, daß du die Menschheit, sowohl in deiner Person, als in der Person eines jeden andern, jederzeit zugleich als Zweck, niemals bloß als Mittel brauchest." — Denn: „Der Mensch aber ist keine Sache, mithin nicht etwas, das bloß als Mittel gebraucht werden kann, sondern muß bei allen seinen Handlungen jederzeit als Zweck an sich selbst betrachtet werden. Also kann ich über den Menschen in meiner Person nicht disponieren...[22]." Ist der blind Gehorchende nicht bloßes Mittel befehlender Vernunft? Vertrauender Gehorsam übernimmt die Vernunft des Befehlenden. Erzwingung von Gehorsam, den der Befehlsempfänger mit seiner Vernunft nicht vereinbaren kann, widerspricht der gebotenen Achtung von Vernunftautonomie, Würde und Gewissen. — „Achtung ist also die Anerkennung einer Würde (dignitas) an anderen Menschen...[23]." Und weiter: „Nun folgt hieraus unstreitig..., daß dieses seine Würde (Prärogativ) vor allen bloßen Naturwesen es mit sich bringe, seine Maximen jederzeit aus dem Gesichtspunkte seiner

---

[19] *Santeler*, J.: Die Grundlegung der Menschenwürde bei I. Kant, 1962, S. 20.
[20] *Kant*, siehe Fn. 18.
[21] *Kant*, I.: Grundlegung zur Metaphysik der Sitten, Bd. 7, S. 67.
[22] *Kant*, ebd., S. 61.
[23] *Kant*, I.: Metaphysik der Sitten, Tugendlehre § 37, Bd. 8, S. 600.

2. Das Würde-Konzept Immanuel Kants

selbst, zugleich aber auch jedes anderen vernünftigen als gesetzgebenden Wesens (die darum auch Personen heißen), nehmen zu müssen[24]."

Die Durchsicht der Würdezitate Kants muß, um fruchtbar zu sein, die Beantwortung der Frage nahelegen: Auf welchen Hauptnenner lassen sich die Äußerungen Kants über Würde bringen?

Er selbst gibt kein zusammenfassend abschließendes Votum ab. Seine Sprache ist so spröde, daß es eines wagenden zusätzlich interpretativen Schrittes bedarf.

Die causa der Würde des Menschen ist seine Autonomie. Das Problem der Autonomiekollision der vielen Menschen wird gelöst mittels Vernunft zur sittlichen Handlungsanweisung des kategorischen und praktischen Imperativs. Beide konvergieren in spezifischer Rücksicht und Vorsicht, ob der autonom Handelnde die Folgen seines Handelns unter verallgemeinerndem Gesichtspunkt auch wollen kann. Den Maßstab für vorsichtig antezipierende Rücksicht liefert das Prinzip, „außer sich selbst einen Standpunkt zu nehmen"[25]:

„Denn wiewohl die Ehrbegierde ein törichter Wahn ist, sofern er zur Regel wird, der man die übrigen Neigungen unterordnet, so ist sie doch als ein begleitender Trieb äußerst vortrefflich. Denn indem ein jeder auf der großen Bühne seinen herrschenden Neigungen gemäß die Handlungen verfolgt, so wird er zugleich durch einen geheimen Antrieb bewogen, in Gedanken außer sich selbst einen Standpunkt zu nehmen, um den Anstand zu beurteilen, den sein Betragen hat, wie es aussehe und dem Zuschauer in die Augen falle. Dadurch vereinbaren sich die verschiedenen Gruppen in ein Gemälde von prächtigem Ausdruck, wo mitten unter großer Mannigfaltigkeit Einheit hervorleuchtet, und das Ganze der moralischen Natur Schönheit und Würde an sich zeigt[26]."

In dieser Textstelle treten Ehre und Würde begrifflich in den sinngemäßen Zusammenhang wirkungsbewußter Selbstdarstellung. Wirkung in doppeltem Sinn: Auswirkung auf den durch die Handlung Betroffenen und Rückwirkung auf den Handelnden via Reaktion des Betroffenen. Demnach ist in Würde Handlungsverantwortung begriffen, bedeutet Würde eine wirkungsreflexive Verhaltensweise. Aus dieser Sicht ist die kantische Formel ‚nicht bloß Mittel, sondern Zweck' sinnvoll. Eine andere Textstelle läßt sich ähnlich verstehen: „Im Reich der Zwecke hat alles entweder einen Preis oder eine Würde. Was über allen Preis erhaben ist, das hat eine Würde. Das was die Bedingung aus-

---

[24] Ders.: Grundlegung zur Metaphysik der Sitten, Bd. 7, S. 72.
[25] Ders.: Beobachtungen über das Gefühl des Schönen und Erhabenen, Bd. 2, S. 849; vgl. *Ritter*, Chr.: Der Rechtsgedanke Kants nach den frühen Quellen, 1971, S. 60.
[26] *Kant*, I., Bd. 2, S. 849.

macht, unter der etwas Zweck an sich selbst sein kann, hat einen inneren Wert, d. i. Würde[27]."

Zunächst erinnert die kantische Unterscheidung von Preis und Würde an die des Thomas von Aquin zwischen dignitas und utilitas. Insoweit ist sie traditional legitimiert. Schärfer läßt sich die Stelle so interpretieren, daß Preis als Prinzip der Tauschgesellschaft sich auf den Menschen zu erstrecken droht, mit dem Effekt etwa, daß er sich seine Vernunft abkaufen läßt, sich gegen Bequemlichkeitsvorteile zu generellem Gehorsam verpflichtet und die Handlungsverantwortung nur zu gern beim Befehlenden weiß. Preis ist das sklavische Prinzip, sich fremdnützig verantwortungsfrei zu verdingen. Preis ist Symbol der Austauschbarkeit.

„Achtung ist also die Anerkennung einer Würde (dignitas) an anderen Menschen, d. i. eines Wertes, der keinen Preis hat, kein Äquivalent, wogegen das Objekt der Wertschätzung ausgetauscht werden könnte[28]."

Preis ist die Korruptionsversuchung des Gehorsamkaufs, das Mittel des Herrschaftsinteresses, Heteronomie zu vergolden und sich fremde Autonomie zur Dienstfertigkeit zu unterwerfen, sie irrelevant zu setzen und das autonom verantwortliche Handlungsvermögen zur Verrichtungshilfe zu degenerieren. Wieder rückt die Interpretation Würde in die Nähe von Gehorsamsproblemen, von Widerstandsrecht und Widerstandspflicht gegen die Entlastung von handlungskonnexer Vernunftverantwortung. Würde verbietet dem Menschen, sich von Vernunft abzukoppeln und die Verantwortung der Handlungsfolgen sich kürzen zu lassen. Insofern ist Würde eine Last und Obliegenheit, die der Neigung zur Bequemlichkeit zuwiderläuft. Das Merkmal von Würde, über allen Preis erhoben zu sein, findet sich bereits in den epistulae des Seneca[29]. Ich beende die Darstellung des kantischen Würde-Konzepts mit der Interpretation von § 38 der Metaphysik der Sitten, Tugendlehre:

„Ein jeder Mensch hat rechtmäßigen Anspruch auf Achtung von seinen Nebenmenschen, und wechselseitig ist er dazu auch gegen jeden anderen verbunden. — Die Menschheit selbst ist eine Würde; denn der Mensch kann von keinem Menschen (weder von anderen noch gar von sich selbst) bloß als Mittel, sondern muß jederzeit zugleich als Zweck gebraucht werden und darin besteht eben seine Würde (die Persönlichkeit), dadurch er sich über alle andere Weltwesen, die nicht Menschen sind, und doch gebraucht werden können, mithin über alle Sachen erhebt. Gleichwie er sich also für keinen Preis weggeben kann (welches

---

[27] *Kant*, I.: Grundlegung zur Metaphysik der Sitten, Bd. 7, S. 68.
[28] *Kant*, I.: Metaphysik der Sitten, Tugendlehre, § 37, Bd. 8, S. 600.
[29] Der Hinweis stammt von *Drexler*, H.: Dignitas, 1944, S. 7.

2. Das Würde-Konzept Immanuel Kants

der Pflicht der Selbstschätzung widerstreiten würde), so kann er auch nicht der eben so notwendigen Selbstschätzung anderer, als Menschen entgegen handeln, d. i. er ist verbunden, die Würde der Menschheit an jedem anderen Menschen praktisch anzuerkennen, mithin ruht auf ihm eine Pflicht, die sich auf die jedem anderen Menschen notwendig zu erzeigende Achtung bezieht[30]."

Kant gibt der ‚Pflicht, die sich auf die jedem anderen Menschen notwendig zu erzeigende Achtung bezieht‘, keinen spezifischen Namen.

Der zitierte § 38 steht im Abschnitt mit der Überschrift ‚Von den Tugendpflichten gegen andere Menschen aus der ihnen gebührenden Achtung‘.

Kant verwendet das Wort Achtung in möglichem Doppelsinn. Einerseits ist Achtung durch Würde, ehrliebendes, würdiges Verhalten verursacht und gerechtfertigt. Hier steht Würde im Kausalzusammenhang. — Andererseits kann Achtung ein Trotzdem anhaften, etwas Kontrafaktisches, sich gegen die Verursachungslogik Auflehnendes.

„Andere verachten, d. i. ihnen die dem Menschen überhaupt schuldige Achtung weigern, ist auf alle Fälle pflichtwidrig; denn es sind Menschen ... Nichts desto weniger kann ich selbst dem Lasterhaften als Mensch nicht alle Achtung versagen, die ihm wenigstens in der Qualität des Menschen nicht entzogen werden kann; ob er zwar durch seine Tat sich derselben unwürdig macht ... So kann es schimpfliche, die Menschheit selbst entehrende Strafen geben, die nicht bloß dem Ehrliebenden schmerzhafter sind, als der Verlust der Güter und des Lebens, sondern auch dem Zuschauer Schamröte abjagen, zu einer Gattung zu gehören, mit der man so verfahren darf[31]."

Mit anderen Worten: Verachte ich den anderen, so verachte ich mich selbst, weil ich die Gattungsgemeinschaft mit dem anderen als Mensch nicht leugnen kann. Aus Selbstliebe also hat das Absinken der Achtung des anderen Grenzen, so daß ein Urteilender Gründe zur Achtung in sich selbst findet, wenn nicht der andere Achtung verursacht. Menschliches fremd zu finden ist Hochmut, „eine Art von Ehrbegierde (ambitio) nach welcher wir anderen Menschen ansinnen, sich selbst in Vergleichung mit uns gering zu schätzen, und ist also ein der Achtung, worauf jeder Mensch gesetzmäßigen Anspruch machen kann, widerstreitendes Laster"[32].

Wenn mir nichts Menschliches fremd ist, nehme ich einen Standpunkt außer mir selbst, versetzte mich einfühlend in Haut und Lage des anderen, nehme gedanklich an seinem Verhalten teil und übe Solidarität aus

---

[30] *Kant*, I., Bd. 8, S. 600 f.
[31] *Kant*, I.: Metaphysik der Sitten, Tugendlehre, § 39, Bd. 8, S. 601.
[32] *Kant*, I.: Metaphysik der Sitten, Tugendlehre, § 42, Bd. 8, S. 603 f.

Gattungsgenossenschaft. Das muß nicht Billigung bedeuten, kann aber dazu beitragen, Würde kollektiv als gemeinsame zu verantworten. Wie der einzelne seine Würde wahrt durch Ehrliebe und achtbares Verhalten, kann der andere wankende Fremdwürde durch taktvolle Reaktion schützen, befestigen.

Die ‚Pflicht, die sich auf die jedem anderen Menschen notwendig zu erzeigende Achtung bezieht', mag wohl Takt heißen.

3. Würde in der Theologie der Aufklärung

Angesichts des kantischen Würdekonzepts, das menschliche Würde weniger auf göttlicher Gnade als menschlicher Autonomie fußen ließ, fand sich die Theologie am Scheidewege, welches Würdekonzept sie für ihre Zwecke fruchtbar machen wollte. Die geistige Situation mit ihren Chancen und Risiken beschreibt Eschweiler[33]. „Die Menschenwürde ist der Muttergedanke der Aufklärung. Aus dieser Quelle schöpfen die Parolen ‚Freiheit', ‚Mündigkeit', ‚Brüderlichkeit' ihre werbende Kraft[34]." — Die Chance des Anliegens der Aufklärung für die Theologie bestand darin, den gläubigen Menschen zu ermutigen, sich nicht nur als sündig, schwach, angstgebunden und nichtig zu begreifen, sondern in sich mit Freude die Fähigkeit zu entdecken, göttliches Gebot als erfüllbare Pflicht anzunehmen. So versucht Geog Hermes, Theologieprofessor in Bonn[35], den aufgeklärten Würdebegriff in der Theologie anzusiedeln. Das ist ein Beispiel, daß Theologie Begriffsbildungen, die nicht aus biblischer Verbalinspiration entstanden sind, nicht jedenfalls verwerfen muß. Wir benötigen dieses Beispiel später, um zu zeigen, daß begriffliche Absetzung von theologischer Gewohnheit deren Anspruch nicht notwendig verkürzt, sondern auch für sie wiederum nützlich sein kann. — Hermes schreibt: „Suche die Menschenwürde in Dir und in Anderen rein darzustellen und zu erhalten[36]."

Der Mensch sei „verpflichtet anzunehmen, daß auch Gott ihn als Selbstzweck gewollt habe"[37]. Damit läßt Hermes den praktischen Imperativ Kants auch gegen Gott gelten in dem Sinn, daß nicht mehr wie die alte Theologie lehrte, die Ehre Gottes allein letzter Zweck der Schöpfung sei, dem der Mensch stets dienstbar zu sein habe. Hermes unternimmt den Beweis, „Gott habe bei der Erschaffung der Welt keinen selbstsüchtigen Zweck gehabt"[38]. „Der Mensch ist also unter

---

[33] *Eschweiler*, K.: Die zwei Wege der neueren Theologie, 1926.
[34] Ebd., S. 116.
[35] Er lebte von 1775 - 1831.
[36] *Hermes*, G.: Einleitung in die christkatholische Theologie, Erster Teil, Philos. Einleitung 1831, § 41, S. 218.
[37] Ders., ebd., § 71, S. 472.
[38] Ders., ebd., § 68, Nr. 3, S. 456 ff.

allen uns bekannten Geschöpfen Gottes das einzige Wesen, wofür Gott seine Welt erschuf — er ist der erwählte Liebling, der Gegenstand und das Ziel der Güte Gottes[39]."

Den Ertrag für die begriffsgeschichtliche Fragestellung sehe ich nun darin, daß die theologische und die aufgeklärte Würdevorstellung keineswegs als feindlich unvereinbar betrachtet werden müssen, sondern daß Hermes eine Synthese anbietet, die für beide annehmbar ist. Darin zeigt sich, daß auch die Theologie, wenngleich Hermes sie nicht repräsentiert, die Entwicklungsbedürftigkeit des Würdebegriffs empfunden hat. — Ob die imperativische Formelhaftigkeit des damaligen Würdeverständnisses auch heute Würdeprobleme im Ansatz lösen kann, muß vorläufig dahinstehen.

Wir gehen zunächst über zur Würdedarstellung Friedrich von Schillers.

4. Schiller: Würde als praktische Autonomie

Schiller war selbst Kantianer. Seine Schrift „Über Anmuth und Würde" erschien 1793 nach der Begegnung mit Kant. Schiller beschreibt Würde als Ausdruck der Triebhemmung: „Beherrschung der Triebe durch die moralische Kraft ist Geistesfreiheit, und Würde heißt ihr Ausdruck in der Erscheinung. Streng genommen ist die moralische Kraft im Menschen keiner Darstellung fähig, da das Übersinnliche nie versinnlicht werden kann. Aber mittelbar kann sie durch sinnliche Zeichen dem Verstande vorgestellt werden, wie bei der Würde der menschlichen Bildung wirklich der Fall ist[40]." „Da aber das Ideal vollkommener Menschheit keinen Widerstreit, sondern Zusammenstimmung zwischen dem Sittlichen und dem Sinnlichen fordert, so verträgt es sich nicht wohl mit der Würde, die, als ein Ausdruck jenes Widerstreits zwischen beiden entweder die besonderen Schranken des Subjekts oder die allgemeinen der Menschheit sichtbar macht[41]."

„Bei der Würde also führt sich der Geist in dem Körper als Herrscher auf, denn hier hat er seine Selbständigkeit gegen den gebieterischen Trieb zu behaupten, der ohne ihm zu Handlungen schreitet und sich seinem Joch gern entziehen möchte[42]."

Auch für Schiller ist Autonomie der Grund der Würde, denn er nennt Würde Ausdruck der Geistesfreiheit[40]. Aber Schiller setzt Würde nicht gegen religiös und weltlich entmündigenden Vernunftverlust an, sondern konkret instrumental spezialisiert gegen personinterne Hetero-

---

[39] Ders., ebd., § 71, S. 473.
[40] *Schiller*, F. v.: GW Nationalausgabe Weimar, 1962, Bd. 20, S. 294.
[41] Ebd., S. 298.
[42] Ebd., S. 296 f.

nomie, gegen den sinnlichen Triebimpuls, der dem Sittlichen widerstreitet. Für Schiller ist Würde eine verinnerlichte höchstpersönliche Kontrollinstanz. In dieser Funktion wird Würde staatlichem Interesse schätzenswert, denn in dem Maße, wie der Mensch zur Selbstkontrolle sozial gefährlicher Strebungen befähigt ist, tritt für staatliche Kontrollkompetenz Entlastung ein. Insofern ist Würde Bestandteil gesellschaftlicher Selbstverwaltung. Aus dieser Perspektive bedeutet staatliche Würdeförderung, im Erziehungswesen etwa, Hilfe zur Selbstkontrolle und damit Prävention vor Unordnung korrigierendem Eingriff. Würde wird so zum Symbol liberaler Ordnungsvorstellung.

„Der Mensch unterdrückt entweder die Forderungen seiner sinnlichen Natur, um sich den höheren Forderungen seiner vernünftigen gemäß zu verhalten: oder er kehrt es um und ordnet den vernünftigen Teil seines Wesens dem sinnlichen unter und folgt also bloß dem Stoße, womit ihn die Naturnotwendigkeit, gleich den anderen Erscheinungen forttreibt, oder die Triebe setzen sich mit den Gesetzen des ersteren in Harmonie und der Mensch ist einig mit sich selbst[43]."

Schiller stellt Würde als harmonisierende Selbstbestimmung dar, als Prozeß, der das Gelingen der Vermittlung von sinnlicher Innenweltstrebung und Umwelterfordernissen intendiert.

5. Freud: Das Ich und das Es

Würde ist kein psychoanalytischer Terminus. Gleichwohl bietet der Ansatz Schillers, Würde als Ausdruck triebkontrollierender Geistesfreiheit zu begreifen, Anlaß, die Kongruenz der freudschen Konstruktion des Verhältnisses von Ich und Es zu prüfen. Freud schreibt: „Vom Standpunkt der Triebeinschränkung, der Moralität, kann man sagen: Das Es ist ganz amoralisch, das Ich ist bemüht moralisch zu sein ...[44]. Wir haben uns die Vorstellung von einer zusammenhängenden Organisation der seelischen Vorgänge in einer Person gebildet und heißen diese das Ich derselben. Es ist diejenige seelische Instanz, welche eine Kontrolle über all ihre Partialvorgänge ausübt[45]. (Dem psychischen Es) sitzt das Ich oberflächlich auf. Das Ich ist vom Es nicht scharf getrennt, es fließt nach unten hin mit ihm zusammen[46]. Es ist leicht einzusehen, das Ich ist der durch den direkten Einfluß der Außenwelt unter Vermittlung von Bewußtsein veränderte Teil des Es, gewissermaßen eine Fortsetzung der Oberflächendifferenzierung. (Das Ich) bemüht sich auch, den Einfluß der Außenwelt auf das Es und seine Absichten zur Gel-

---
[43] *Schiller*, F. v.: Über Anmut und Würde, GW Bd. 20, S. 280.
[44] *Freud*, S.: Das Ich und das Es, GW Bd. 13, S. 284.
[45] Ebd., S. 243.
[46] Ebd., S. 251.

tung zu bringen, ist bestrebt, das Realitätsprinzip an die Stelle des Lustprinzips zu setzen, welches im Es uneingeschränkt regiert[47].

Wir wissen, daß das Lustprinzip einer primären Arbeitsweise des seelischen Apparates eignet, und daß es für die Selbstbehauptung des Organismus unter den Schwierigkeiten der Außenwelt so recht von Anfang an unbrauchbar, ja in hohem Grade gefährlich ist. Unter dem Einfluß der Selbsterhaltungstriebe des Ichs wird es vom Realitätsprinzip abgelöst, welches, ohne die Absicht endlicher Lustgewinnung aufzugeben, doch den Aufschub der Befriedigung und die zeitweilige Duldung der Unlust auf dem langen Wege zur Lust fordert und durchsetzt[48]. Die Wahrnehmung spielt für das Ich die Rolle, welche im Es dem Trieb zufällt. Das Ich repräsentiert, was man Vernunft und Besonnenheit nennen kann im Gegensatz zum Es, welches die Leidenschaften enthält[49].

Das Ich beherrscht den Zugang zum Bewußtsein wie den Übergang zur Handlung gegen die Außenwelt[50].

Das Ich entwickelt sich von der Triebwahrnehmung zur Triebbeherrschung, vom Triebgehorsam zur Triebhemmung. An dieser Leistung hat das Ichideal, das ja zum Teil eine Reaktionsbildung gegen die Triebvorgänge des Es ist, seinen starken Anteil. Die Psychoanalyse ist ein Werkzeug, welches dem Ich die fortschreitende Eroberung des Es ermöglichen soll[51]."

Die Parallele zwischen Schiller und Freud sehe ich darin, daß bei Schiller Würde genau die modifizierende Funktion gegenüber den Trieben erfüllt wie bei Freud die Instanz des Ich gegenüber dem Es.

„Entscheidend wird die Tatsache, daß das Ich eine Organisation ist, das Es aber keine. Das Ich ist eine Organisation, es beruht auf dem freien Verkehr und der Möglichkeit gegenseitiger Beeinflussung unter all seinen Bestandteilen, seine desexualisierende Energie bekundet ihre Herkunft noch in dem Streben nach Bindung und Vereinheitlichung, und dieser Zwang zur Synthese nimmt immer mehr zu, je kräftiger sich das Ich entwickelt[52]."

Wenn Würde Triebbeherrschung bedeutet und das Ich die Triebbeherrschung leistet, dann ist Würde der Erfolg triebbeherrschender, d. h. selbstbestimmender Ichleistung.

---

[47] Ebd., S. 252.
[48] *Freud*, S.: Jenseits des Lustprinzips, GW Bd. 13, S. 6.
[49] *Freud*, S.: Das Ich und das Es, GW Bd. 13, S. 253.
[50] *Freud*, S.: Hemmung, Symptom, Angst, GW Bd. 14, S. 122.
[51] *Freud*, S.: Das Ich und das Es, GW Bd. 13, S. 286.
[52] *Freud*, S.: Hemmung, Symptom, Angst, GW Bd. 14, S. 125.

Damit kommt ein Konzept der Würde als Ich-Leistung in Sicht. Wesentlicher als die Parallele zwischen Schiller und Freud ist der Aufweis des Zusammenhangs von Psychoanalyse und Würde, der es erlaubt, Würde als Funktion des psychischen Apparates zu analysieren und Schlüsselbegriffe des Grundgesetzes forschend aufzuschließen und nicht länger einem ideologischen Menschenbild zu entnehmen. Verknüpft man gedanklich Psychoanalyse und Grundgesetz, so läßt sich denken, daß die Instanzen des Ich, Es und Über-Ich in Art. 1, Art. 2 und Art. 4 GG deutlich repräsentiert sind.

6. Dürig: Kommentierte Würdenorm

„Nachdem ein Hinweis auf Gott als den Urgrund alles Geschaffenen nicht durchgesetzt werden konnte, (hat sich der Grundgesetzgeber) zum sittlichen Wert der Menschenwürde bekannt[53]." Dürig scheint zu bedauern, daß der erste Grundgesetzartikel kein religiöses Glaubensbekenntnis enthält. In seiner Kommentierung zu Art. 1 GG hält er explizit an der Verknüpfung von religiöser Tradition und politischer Verfassung fest. Es sei „keinesfalls unjuristisch, zur Verfassungsinterpretation spezifisch christliche Lehren heranzuziehen". Die christliche Naturrechtsauffassung umspanne stets auch die gültige profane Lehre[54].

Diese Auffassung des Kommentators verdient Respekt und Toleranz, trifft aber kaum die verfassungsrechtliche Wirklichkeit in der Bundesrepublik Deutschland.

Die Rechtsordnung gilt für Christen wie für Nichtchristen gleichermaßen, eine Staatsreligion gibt es nicht und die religiöse Auslegung weltlicher Normen wirft Legitimationsprobleme auf. Die Stabilität des gesetzten Rechts beruht auf dem Vertrauen der Rechtsgenossen, daß ihr Verhalten nicht nach einseitigen Gesinnungspostulaten bestimmt wird[55]. Der moderne säkularisierte Staat artikuliert sein Selbstverständnis durch Pluralismus und konfessionelle Neutralität. So läßt sich nicht vorab sicherstellen, daß der verfassungsrechtliche mit dem christlichen Begriff der Würde übereinstimmt, vielmehr muß das christliche Konzept unprivilegiert mit anderen in Wettbewerb treten, sich der Vorteil-Nachteil-Analyse unterziehen, um sich zur Geltung zu empfehlen. Ein Wettbewerbsvorteil besteht darin, daß hierzulande die Mehrzahl der Rechtsetzenden wie der Rechtsanwendenden christliche Glaubensprämissen als unjuristisches Vorverständnis mitbringt. Bei Begriffsentscheidungen verhält sich das Vorverständnis zur wägenden Reflexion wie beim Zielen die Kimme zum Korn. Wer Würde begrifflich aufs

---

[53] *Dürig*, G.: Grundgesetzkommentar zu Art. 1 GG, Rdnr. 1.
[54] Ebd., Rdnr. 15, Fn. 2.
[55] *Wieacker*, F.: Rechtsprechung und Sittengesetz, Juristenzeitung 1961, S. 345.

Korn nimmt und sich religiös dogmatischem Denken verpflichtet fühlt, hat wie Dürig ein vorgegebenes Vorverständnis und kann es nur dann zur Disposition stellen, wenn er in einem zusätzlichen reflexiven Prozeß die Angemessenheit seines Vorverständnisses durch Vergleich mit wissenschaftlich möglichen anderen zu prüfen bereit ist. Bleibt diese Prüfung aus, so entsteht ein Kompatibilitätsproblem zwischen Glaube und Wissenschaft, ein Loyalitätskonflikt zwischen Staats- und Kirchenraison, eine Unschärfe hinsichtlich der kommunikativen Relevanz differierender Denkformen. Überspitzt gesagt gibt es ein wissenschaftliches Würdeproblem christlicher Interpreten. Problemlösend ließe sich denken, daß auch die Theologie die Wurzeln ihrer Begrifflichkeit nicht nur in der Offenbarung der Heiligen Schrift sucht, sondern an der Konstruktion von Wirklichkeit aus beobachtbar sich wiederholenden Phänomenen teilnimmt. Auf diese Weise wäre das Problem verfassungswidriger Verfassungsauslegung aus der Welt geschafft. —

„Dieser Eigenwert (der Menschenwürde ist) als etwas immer Seiendes, als etwas unverlierbar und unverzichtbar Vorhandenes gedacht ...[56]." — Damit entrückt Dürig Würde menschlicher Verursachung und Wirklichkeit. Er interpretiert Würde auf der thomistischen Linie als Substanz, als Seiendes, das in einer Weise ist, die seine Negation ausschließt. Würde kann auf Dürigs apodiktischer Prämisse kaum als Problem gedacht werden. Wird Würde als merkmallos Seiendes behauptet, findet das rechtliche Interesse an der Wirklichkeit von Würde keinen Anhaltspunkt für ihre Förderungsfähigkeit, für die Antwort auf die Frage, wie man durch Verhaltensnormierung Würde beeinflussen kann.

Dürig läßt allgemein Fragestellungen vermissen, die klären, worauf es außer dem Würdeglauben ankommt. Auch für den Gläubigen bedeutet Würde Risikoverwaltung, da er von Gott und den Menschen mit seiner Würde grundsätzlich allein gelassen ist. Aus der Perspektive Dürigs ist der Sachverhalt des privaten Vertretenmüssens der eigenen Würde unkenntlich. Von Dürig hat die Rechtsprechung den von ihr gesehenen Zusammenhang von Würde und Zurechnung des Verhaltens jedenfalls nicht.

Dürigs Behauptung der Würdeunverlierbarkeit hat den Nachteil widersprüchlich zu sein insofern, als schwer nachvollziehbar ist, wie man ein Recht auf etwas haben kann, das unverlierbar ist. Man ist logisch zu denken gewohnt, daß Rechte nur auf Verlierbares gewährt werden. Vielleicht glaubt Dürig selbst nicht an die Unverlierbarkeit von Würde. In der zweiten Fußnote zu Randnummer 34 schreibt er: „Mit Recht weist Bachof darauf hin, daß mit dem Fortfall der materiellen

---

[56] *Dürig*, Rdnr. 2.

Grundlagen eines menschenwürdigen Daseins auch die Menschenwürde selbst verlorengeht."

„Die normative Aussage des objektiven Verfassungsrechts, daß die Würde des Menschen unantastbar ist, beinhaltet eine Wertaussage, der ihrerseits aber eine Aussage über eine Seinsgegebenheit zugrundeliegt. Diese Seinsgegebenheit ‚Menschenwürde', die unabhängig von Zeit und Raum ‚ist' und rechtlich verwirklicht werden ‚soll' ...[57]."

Eine normative Aussage ist Zweckbestimmung, was sein soll, d. h.: was erwartet wird, nicht aber eine Aussage über das, was ist. Das wäre eine faktische oder kognitive Aussage. Inwiefern kann Seiendes ein zu bewirkendes sein?

Gibt es einen defizienten Modus des Seienden, der des rechtlichen Sollens bedarf? — Dürig konzipiert Würde als notleidend Seiendes. Dabei gewinnt er das Seiende aus der Norm in der Weise, daß der sprachliche Anschein der Faktizität dazu dient, eine Seinsgegebenheit herauszuholen („ist unantastbar"). Es heißt die Kopula überfordern, von „ist" auf die Qualität des Satzgegenstandes als Seinsgegebenheit zu schließen. Solche Verknüpfung von ontischem und juristisch normativem Denken gelingt nicht. — Ich versuche eine Uminterpretation des Satzes: ‚Die Würde des Menschen ist unantastbar.' Der Hintergrund dieses Satzes sind historische Ereignisse der wirklichen empirischen Welt, nämlich: die Atombomben auf Hiroshima und Nagasaki, die Konzentrationslager und Gaskammern von Auschwitz und Dachau. Angesichts zuwiderlaufender Erfahrung stellt Art. 1 Abs. 1 Satz 1 GG als Rechtsnorm die Unantastbarkeit von Würde als Desiderat fest, nicht als Seinsgegebenheit. Normen, die Wirklichkeit produzieren wollen, behaupten etwas beschwörend als wahr, das nicht unmittelbar der Fall ist. Damit widersprechen sie dem, was der Fall war, in der Weise, daß Wiederholbarkeit ausgeschlossen wird. Die Setzung einer Norm verweist auf Enttäuschung der nunmehr normierten Erwartung in der Vergangenheit. Die Kopula des interpretierten Satzes verurteilt Verhältnisse, die die Kopula in ihrer Negation bewahrheitet hatten. Die kategorische Feststellung ist kategorischer Imperativ: sie stellt keine Tatsache fest, sondern die Notwendigkeit, eine Tatsache zu schaffen. Normen gewinnen wenig von abstrakter Seinstheorie, sie zielen auf die konkret instrumentale Praxis gewünschter Wirkungen. —

Dürig denkt Würde als unabhängig von Raum und Zeit[58]. Damit scheidet für ihn Würde als Gegenstand der Erfahrung aus, weil Raum- und Zeitloses niemals in Erscheinung tritt, sondern nur als Idee denk-

---
[57] *Dürig*, Rdnr. 17.
[58] *Dürig*, Rdnr. 17.

bar ist. Dürig konzipiert Würde als Hinzuzudenkendes[59]. Den Kontrast hierzu bildet Würde als erworbene. Würde soll nachfolgend im Schnittpunkt der Unterscheidung erworben/zugeschrieben erörtert werden. Zugeschriebene Merkmale sind solche, die in sozialen Prozessen des Erlebens und Handelns als feststehende Qualitäten behandelt werden. Erworbene Merkmale sind solche, die als leistungsabhängig angesehen werden[60]. Leistung erübrigt Zuschreibung, aber Zuschreibung kann Leistung nicht ohne fiktives ‚Als ob' teilweise ersetzen.

Würde, begriffen als durch Leistung erworben, bezieht sich auf Situationen, auf Raum-Zeit-Koordinaten sozialen Verhaltens, in denen Personen Haltung und Würde zu wahren suchen, wo Fassung erforderlich ist, um Situationen zu retten und Peinlichkeit zu vermeiden.

Zuschreibungen werden sinnvoll, wenn man sie aus der Perspektive der Raum- und Zeitlosigkeit entläßt, sie ebenfalls auf Situationen bezieht und als Entgegenkommen für Personen begreift, deren scheiternde Leistung kreditierend als erbracht behandelt wird. — Daraus ergibt sich im Ansatz die Möglichkeit, Situationsethik ins Recht einzuführen, bzw. die Juridifizierung würdetangierender Situationen in Erwägung zu ziehen.

Durchgängig bestimmt Dürig Würde durch den Wertbegriff, was etymologisch naheliegt, aber sachliche Gründe gegen sich hat. „In der Staatsrichtung liefert (Art. 1) den wertausfüllenden Maßstab für alles staatliche Handeln; denn er bestimmt und beschränkt die Legitimität von Staat und Recht aus den Werten personaler Ethik[61]."

Werte leiden von Hause aus unter ihrer notwendigen Subjektivität, denn sie sind das Resultat von Wertungen und erschweren so Intersubjektivität aufs äußerste. Werte als Wertungen sind stets in hohem Maße ideologisch. Dadurch entwirklichen sie das für wertvoll Gehaltene. Dürig verdünnt die Wirklichkeit von Würde in drei Stufen:

Durch die Behauptung von Unverlierbarkeit, von Raum-Zeitlosigkeit und schließlich von Synonymität mit Wert. Die Entwirklichung von Wirklichem hinterläßt bloße Ideale, deren konkreter, kritischer Inhalt sich in die metaphysische Atmosphäre verflüchtigt.

Der materialen Wert-Ethik kommt heute keine große Wirksamkeit mehr zu. Sachlich gesehen ist sie ein letzter Ausläufer der ontologischen Metaphysik. Ideale Werte „blamieren sich", wie Scheler sagt[62]. Nach dem allgemeinen Verfall der Metaphysik findet diese weder

---
[59] Ebd., Rdnr. 19.
[60] *Luhmann:* Rechtssoziologie, 1972, Bd. 2, S. 307.
[61] *Dürig*, Rdnr. 15 a.
[62] Vgl. *Schulz*, W.: Philosophie in der veränderten Welt, 1972, S. 642.

in der Jurisprudenz noch in der Ethik ein Refugium. In Schelers philosophischer Ethik wird der Wert als ideale Wesenheit gesetzt. Maßgeblich ist die Frage nach der Durchsetzungskraft des Idealen im Realen. Wie hochrangig auch immer man ideale Werte ansetzen mag, läßt sich doch nicht sicherstellen, daß sie es sind, die Wirklichkeit steuern.

Dürig will von Würde als Wert ausgehend ein ganzes Wertsystem gewinnen: Art. 1 GG soll die Basis für ein ganzes Wertsystem liefern, wenn die Klagbarkeit des Würdeschutzes aufgegeben wird[63]. Es ist zwar nicht einzusehen, wieso ein Verzicht auf Klagbarkeit der Geltung eines Wertsystems Vorschub leistet, aber die Argumentationsweise macht deutlich, daß die Funktion der Würdenorm mehr in juristischer Mittelbarkeit liegt. Das in Aussicht genommene Wertsystem soll sich „weitgehend zugleich als rechtslogisches Anspruchssystem erweisen, in dem sich der Hauptwert zu den Teilwerten wie der rechtliche Obersatz zu den Teilrechtssätzen verhält"[64].

Dürig spricht in dieser Vorstellung die Strukturähnlichkeit von Wert und Rechtsnorm an. Werte sind wie Normen Erwartungen, die auf Erfüllung drängen. Tritt diese Zweckerfüllung ein, so verblaßt die vordem reklamierte Dringlichkeit. Werte und Normen sind kontrafaktisch stabilisiert, d. h. ihr Anspruch auf Berücksichtigung in der Wirklichkeit erhöht sich in dem Maße, wie die Erwartung enttäuscht, ihre Erfüllung versagt wird. Diese Ähnlichkeit von Wert und Norm darf über wesentliche Unterschiede nicht hinwegtäuschen. Rechtsnormen erlauben grundsätzlich reinliche Scheidung der Rechtmäßigkeit von Rechtswidrigkeit. Werte haben diese Entweder/Oder-Struktur nicht. Werte sind Präferenzregeln, Gesichtspunkte für das Vorziehen von Erwartungen, die miteinander im Erfüllungswettstreit liegen. Eine Wertrangordnung bezieht sich immer auf die Knappheit der Erfüllungsmöglichkeiten eines Hier und Jetzt. Es ist unmöglich, alle Werte gleichzeitig sofort zu befriedigen. Werte dienen zur Umwandlung der Gleichzeitigkeit von Ansprüchen mittels Planung in das Nacheinander ihrer Erfüllung. Werte konkurrieren miteinander und erfahren eine in der Zeit fortlaufende Umgruppierung ihrer Priorität nach dem Maß ihrer Dringlichkeit. Das gilt auch für Würde als Persönlichkeitsschutzinteresse, das die Rechtsprechung einer Güter- und Interessenabwägung unterzieht. Darin bestätigt sich, daß Würde nicht kategorisch gegen minima, sondern situationsrelativ gegen gravamina von einiger Bedeutung verteidigt wird.

Werte geben Richtlinien zum Vorziehen und Zurücksetzen von Handlungen. Den zurückgesetzten Werten wird ihr gutes Recht nicht be-

---
[63] *Dürig*, Rdnr. 17.
[64] Ebd., Rdnr. 17.

stritten. Sie können warten und wachsen, bis die angestauten Bedürfnisse sie vordringlich machen[65].

„Von vornherein kann der Wertanspruch des Wertträgers nicht darauf gerichtet sein, ihm durch positives Tun diesen Wert (der Menschenwürde) zu verschaffen. Dieser Wertanspruch ist begrifflich zunächst reiner Unterlassungsanspruch und geht auf „Nichtantasten", also auf „Achten" der Menschenwürde"[66]. „Das positive Tun des Schützens ist abwehrende Staatstätigkeit und nicht positive Gestaltung[67]."

Dürig lehnt es von vornherein ab, die Möglichkeiten staatlicher Würdegewährung ins Auge zu fassen. So mußte die Rechtsprechung die Querverbindung zwischen Würde und Sozialstaatsgedanken allein aufspüren. Dürig will den Staat von Aufgaben entlasten ohne im einzelnen zu prüfen, ob die gesellschaftlichen Würdeprobleme solche Zurückhaltung vertragen und ob sie grundgesetzkonform wäre. Dürig nimmt interpretierend einen Ermessensspielraum in Anspruch, den Art. 20 Abs. 1 GG in dieser Bandbreite nicht gewährt.

Heute ist es naheliegend, die Schaffung würdegünstiger Verhältnisse vom Staat als Beitrag zur Erhöhung der Lebensqualität zu erwarten. Diese Aussage bildet nur den Rahmen, in dem die Rechtsfolgen der Würdenorm präziser herauszuarbeiten sind.

Dürig gibt Art. 1 GG eine gedankliche Wenn/Dann-Struktur: Wenn Würde verletzt wurde, dann muß der Staat schützend eingreifen.

Es liegt klar zutage, daß sich solcher Schutz pervertiert, denn er macht die Verletzung des zu schützenden zur Voraussetzung schutzintendierenden Eingriffs. Schon begrifflich ist Schutz präventiv, nicht postventiv zu wirken bestimmt. Die im Recht vorherrschende konditionale Programmierung von Normen macht der Förderung der Würde als Zweck die größten Schwierigkeiten. Konditionale Programmierung entlastet von Konsequenzverantwortung gegenüber denen, auf die Recht angewendet wird[68]. Darin liegt das Haupthindernis für Resozialisierung: Das Strafgesetz ordnet u. a. Freiheitsstrafe als feste Rechtsfolge an, die als Negativtherapie das Feld beherrscht und Erziehung als Positivtherapie nur halbherzig, weil systemfremd, zuläßt. In diesem Zusammenhang hört man häufig das Argument, die Straftat erfordere vordringlich die Rehabilitation der Würde des Straftatgeschädigten. Dabei wird die Knappheit der Würdeförderungsmittel vorausgesetzt, aber seltsamerweise werden Würdebedürfnisse gegeneinander aufgerechnet

---

[65] *Luhmann:* Rechtssoziologie, 1972, Bd. 2, S. 249.
[66] *Dürig,* Rdnr. 2.
[67] Ebd., Rdnr. 3.
[68] *Lautmann,* R.: Justiz — Die stille Gewalt, 1972, S. 71 - 77.

statt verdoppelt zu werden. Das ist nur schlüssig, wenn man Würde als durch Straftat verspielbar ansieht, was in der schuldzurechnenden Praxis wohl üblich ist. Das genannte Argument differenziert nach Würdeförderungswürdigkeit. Demgegenüber ist zu sagen, daß die desiderable Unantastbarkeit der Würde des Menschen laut Würdenorm nicht nach Würdigkeit, sondern eher nach Bedürftigkeit geboten ist. Die kontrafaktische Struktur des Normauftrags fordert gerade dann Würdeschutz, wenn sie in ihrer sozialpsychologischen Kausalität Einbuße erlitten hat. Das ist sinnvoll insofern, daß man Menschen außer an ihrem Wort auch an ihrer Würde halten muß, um zu verhindern, daß sie zukünftig ganz ohne Rücksicht auf beides, unberechenbar handeln. So gesehen repräsentiert Würde ein gesellschaftliches Berechenbarkeitsinteresse, das es dem einzelnen abfordert, Selbstbindung zu versprechen, die glaublich ist.

Die Würdenorm wäre sonach Zweckprogramm, dessen Aktualität proportional dem Scheitern, dem Verfehlen von Würde ist. Worin zeigt sich das Notleiden, das Scheitern, die Schutzbedürftigkeit von Würde? Beispielsweise im Freitod. Wer von eigener Hand sterben will, sieht keine Möglichkeit mehr, seine Freiheit sinnvoll zu verwenden. Dieser Engpaß schnürt dem Menschen und seiner Würde die Lebensmöglichkeit ab. Die Sinnhaftigkeit von Freiheit hängt nicht nur vom Freien ab, sondern zeigt sich in der realen Teilnahmechance an Interaktionen. — Würde ist synchron variabel mit der vorhandenen verwendbaren Freiheit. Würdeverletzung oder Würdeverlust bringt Freiheitseinbuße mit sich. Freiheitsstrafe wirkt würdemindernd, wenn in ihr nicht Gelegenheit genommen wird, zu sinnvollem und erweitertem Freiheitsgebrauch anzuleiten. Würdeförderung besteht darin, die Möglichkeiten der Freiheitsverwendung in ihrer Verantwortungspflichtigkeit zu lehren. In solcher Würdepädagogik bezieht Freiheit sich auf Sinn und Freitod mit ein, der dann sinnvoll wird, wenn Freiheit sich auf Sinnlosigkeit reduziert hat und Sinn nur noch darin gefunden wird, von der Sinnfrage zu befreien.

Jeder würdeschützende Staat muß Freitod als Politikum begreifen und seine Mitverursachung durch Unterlassen reflektieren. Für das würdekompetente politische System bedeutet jeder Freitod ein Unterlassungsdelikt, das Systemvertrauen kostet oder Würdekompetenz. Es zeigt sich, daß notleidende Würde nicht Würdeschutz einklagt, sondern sich gegen ihren psychologischen Träger wendet und ihn mitsamt dem Leiden auslöscht. Dürig schließt die Klagbarkeit des Würdeschutzes aus anderem Grunde aus: „Es ist kein Fall denkbar, in dem ein staatlicher Angriff auf die Menschenwürde nicht bereits durch ein spezielles Grundrecht aufgefangen würde[69]."

---

[69] *Dürig*, Rdnr. 13.

Diese Annahme erweist sich als irrig. Badura[70] hat gezeigt, daß Generalprävention als Strafzumessungsgrund die Würde des Menschen gerade im Sinne Dürigs verletzt ohne Würdeschutz durch andere Grundrechte zu gewähren. Baduras tragendes Argument liegt darin, daß der Straftäter zum bloßen Objekt für die Zwecke anderer gemacht wird. Schröder[71] meint, diese Argumentation überzeuge deswegen nicht, weil es sich bei der Berücksichtigung der Generalprävention nicht allein darum handle, von dem Täter im Interesse kriminalpolitischer Bedürfnisse ein persönliches Opfer zu verlangen. Das Exempel, das an ihm statuiert werde, ergebe sich vielmehr u. a. auch daraus, daß er selbst durch seine Tat dazu beigetragen habe, daß das Bedürfnis nach Generalprävention entstanden ist. Sein eigenes böses Exempel gegenüber der Allgemeinheit sei daher mit Anlaß dafür, daß die Allgemeinheit ein Exempel an ihm statuiere[71]. Welches Würdeargument steckt in diesem Votum? Generalprävention verletze Würde grundsätzlich schon, dies sei aber gerechtfertigt, weil die Würdeverletzung vom Verletzten mitverursacht sei. Das Argument ließe sich auch zur Begründung der Todesstrafe einsetzen: Man möge nur den Tatbestand vermeiden, dann sei man auch von der Rechtsfolge sicher. Schröders Argument wirkt salvatorisch für die Beliebigkeit von Strafrechtsfolgen und zeigt so die Tendenz, die Würdenorm im Strafrecht als Obstakel zu empfinden.

Richard Schmid weist darauf hin, daß die Zulassung der Sympathie-Aussperrung[72] würdeverletzend ist, weil die Ausgesperrten bloß Nötigungsmittel sind[73]. Im Ergebnis rangiert Dürig die Würdenorm in eine klaglose Subsidiärposition.

Dürig sucht eine Formel, die Entscheidungskriterien liefert, wann Würde für verletzt zu halten ist. Seine Formel lautet: „Die Menschenwürde ist getroffen, wenn der konkrete Mensch zum Objekt, zu einem bloßen Mittel, zur vertretbaren Größe herabgewürdigt wird[74]."

Ersichtlich hat Dürig in dieser seiner Objekttheorie zur Würdeverletzung die kantische Formel des praktischen Imperativs eingearbeitet.

Fraglich ist, ob die Elemente von Dürigs Würdetheorie miteinander verträglich sind. Dem ersten Anschein nach entsteht ein heterogener Konstrukt aus christlich-naturrechtlicher Verfassungsinterpretation mit theologischer Würdeunvereinbarkeit, Abstützung auf idealistische Wertphilosophie und Anleihe beim aufgeklärten Würdebegriff Im-

---

[70] *Badura*, P.: Generalprävention als Strafzumessungsgrund, Juristenzeitung 1964, S. 336 - 344.
[71] *Schröder*, H.: StGB-Kommentar, Vorbemerkung zu § 13, Rdnr. 14.
[72] BAG Entscheidungssammlung, Bd. 1, S. 292 ff.
[73] *Schmid*, R.: Unser aller Grundgesetz?, 1972, S. 23.
[74] *Dürig*, Rdnr. 28.

manuel Kants. Die Vereinbarkeit, die Vermittlungsfähigkeit der Elemente soll nicht pauschal geleugnet werden, doch angesichts der radikalen Ansatzdivergenz bedarf sie des Aufweises. Dürig zieht die Resultate verschiedener Denkformen unbedenklich zusammen ohne den Widerspruch der Würdekonzepte aufzudecken. Insgesamt entsteht der Eindruck, daß Dürig Würde und Würdenorm nur in der Funktion des Grobfilters für unzivilisiertes Verhalten interpretiert, damit ein näheres juristisches Würdeinteresse zerstreut und Würde so ins juristische Abseits schiebt. Dürigs Argumente sind nicht deutlich auf rechtliche Konsequenzen zugeschnitten, sondern sind mehr im Tenor der Darstellung des Selbstverständlichen gehalten. Von seinem Konzept, wie überhaupt von der Seite des Rechts, geht keine Sensibilisierung des Würdebewußtseins aus. Dem Trend zur Humanisierung der Arbeitswelt, der sehr im Sinne der Würdenorm liegt, ist von Juristen unter Hinweis auf die Würdenorm kaum merklich vorgearbeitet worden. Die Objekttheorie wäre dazu nicht ungeeignet gewesen. Sie arbeitet mit den Unterscheidungen Objekt/Subjekt und Mittel/Zweck in der Weise, daß die Verknüpfung von Mittel und Objekt als würdeabträglich, von Zweck und Subjekt als würdezuträglich vorausgesetzt wird. Das erklärt sich durch Bezug auf Selbst- und Fremdbestimmung. Das Urteil, daß der Mensch nicht bloß Mittel sein dürfe, verweist auf eine Abwertung des Mittels gegenüber dem Zweck, auf Hochschätzung der Zwecksetzungsentscheidung und Geringschätzung der die Zweckerreichung vermittelnden Handlungen. Zwecke definieren die Erforderlichkeit von Mitteln und Ursachen. Zwecke sind den Mitteln so vorgeordnet, daß Vorgesetzte Untergebene anweisen. Zwecke verhalten sich zu Mitteln wie Vorgesetzte zu Untergebenen. Wendet man hierauf den praktischen Imperativ an, sollen Untergebene nicht bloß Untergebene sein. Darin liegt ein deutlicher Hinweis auf Mitbestimmung.

Setzen wir einmal hypothetisch voraus, daß die Versagung von Mitbestimmung würdeverletzend sei, so ist doch zu sehen, daß trotz Einräumung von Klagebefugnis die Rechtsprechung nicht unmittelbar abhelfen könnte. Daraus erhellt, daß ein verbessertes Würdeverständnis nicht direkt in justiziable Fallgruppen übersetzbar ist, sondern nach sozialwissenschaftlicher Erörterung zunächst der Politik anzuempfehlen ist, die entscheiden muß, wo und wie gesetzgebende Würde fördernde Maßnahmen von Staats wegen zu ergreifen sind. Gleichwohl kann ein sprachlich geschärftes Würdebewußtsein zum Indikator für gesetzgeberisches Unterlassen, also zur Handlungsanweisung taugen. In dieser Hinsicht ist Dürigs Sprache zu kritisieren: Sie feiert Würde als wertvoll ohne die Kasuistik der Normkonsequenz theoretisch einleuchtend zu fundieren. Eigentlich legt Dürig keine Interpretation von Würde und Würdenorm vor, sondern er macht exemplarisch plausibel, für welche problematische Kasuistik die Würdenorm verwendbar sein könnte. Die Objekttheorie führt zur Normwirkungsverspätung: Sie verspricht Abhilfe, wenn man weiß, daß die Würdeverletzung tatbestandlich eintrat. Damit setzt die Objekttheorie voraus, was die Würdenorm verbietet. Die Objekttheorie wartet bis zur Würdeverletzung, um Würde dann zu reparieren. Zusammenfassend sehe ich den Mangel von Dürigs Kommentierung von Art. 1 GG darin: Erst bestreitet er die Verletzbarkeit von Würde, dann setzt er sie in der Objekttheorie voraus, ohne anzugeben, ob sie noch zu retten und wie sie zu heilen wäre.

Nachfolgend referiere ich die Würdeauffassung von Behrendt[75].

7. Behrendt: Menschenwürde als Problem der sozialen Wirklichkeit

Behrendt ist Ordinarius für Soziologie. Von daher unternimmt er thesenmäßig „bewußt einseitig, unter soziologischem — also nicht philosophischem oder juristischem — Gesichtspunkt" eine Begriffsbestimmung. Er verzichtet auf Begriffsgeschichte und Konzeptvergleich. Sein Ziel ist es, der Würdenorm des Grundgesetzes „einen gesellschaftspolitisch brauchbaren und rational diskutierbaren Inhalt zu geben, bevor wir daran gehen können, ihre Problematik und die konkreten Möglichkeiten ihrer Verwirklichung zu besprechen"[76].

„Der Begriff der Menschenwürde ist ‚diesseitig'; er bezieht sich auf gesellschaftlich bedeutsame, in zwischenmenschlichen Beziehungen geforderte und zu verwirklichende Verhaltensweisen und Verhältnisse[77]."

„Menschenwürde hat zwei Komponenten:

a) die personelle: die Bereitschaft und Fähigkeit des Menschen, mit sich im Einklang zu leben, also seine individual-spezifischen Begabungen, Eigenheiten und Neigungen, die ihn als einmaliges Lebewesen kennzeichnen, in Auseinandersetzung und in Zusammenarbeit mit anderen Menschen zum Ausdruck zu bringen und selbstverantwortlich, im Sinne der Lebenserhaltung und Lebensbereicherung, zu entfalten;

b) die gesellschaftliche: die Bereitschaft und Fähigkeit der für den Menschen jeweils bedeutsamen gesellschaftlichen Umgebung, ihm dies nicht nur zu ermöglichen, sondern ihn dabei zu fördern. Individuelle Autonomie kann sich nur in einem kooperativen Rahmen entfalten und erhalten, also in einer Gesellschaft, die gekennzeichnet ist durch

---

[75] *Behrendt*, R. F.: Menschenwürde als Problem der sozialen Wirklichkeit, 1967.
[76] *Behrendt*, S. 10.
[77] Ebd., S. 11.
[78] Ebd., S. 13.
[79] Ebd., S. 16.
[80] Ebd., S. 18 f.
[81] Ebd., S. 20.
[82] Ebd., S. 21.

die freiwillige Mitverantwortung und Mitwirkung der einzelnen für das Gemeinwesen. Wir dürfen nicht erwarten, wofür wir nicht selber mithelfen ... Menschenwürde wird also hier verstanden als möglichst weitgehende Freiheit[78]." „Der Anspruch auf Freiheit von gesellschaftlichen Beschränkungen der Menschenwürde ist relativ neu[79]." „Die Vorstellung der Menschenwürde wird zum ersten Mal aus einer Utopie zu einer grundsätzlich realisierbaren gesellschaftspolitischen Leitidee[80]." „Wir müssen der Versuchung widerstehen, zu glauben, daß mit der Verankerung dieser Norm im Grundgesetz bereits etwa Entscheidendes für ihre Verwirklichung getan sei[81]." „Die Träger der ‚Antastungen', also die Widersacher der Menschenwürde können sein:

a) gesellschaftliche Machthaber: familiäre, wirtschaftliche, politische, administrative, spirituelle;
b) das Individuum selbst[82]."

„Die Mittel der Antastung der Menschenwürde können sein a) restriktive oder b) homogenisierende Einwirkungen auf individuelle oder gruppenmäßige Autonomiebestrebungen. Die restriktive ‚Antastung' der Menschenwürde bedeutet offensichtliche Nötigung zur Unterwerfung unter eine stärkere Macht ... Die homogenisierende Antastung der Menschenwürde zielt auf psychische Internalisierung der von außen her vertretenen Normen ...[83]." „Antastungen der Menschenwürde werden gerne mit dem Hinweis auf Notwendigkeiten ... gerechtfertigt[84]." „Einen weiteren wichtigen Komplex der Gefährdung der Menschenwürde bildet die allgemein vorherrschende Tendenz zu Ballungen der wirtschaftlichen und politischen Machtpositionen, zur organisatorischen Zentralisierung, zur Konzentration der Entscheidungsfunktionen auf der ‚höchsten Ebene' ...[85]." „Mit der wachsenden Kontrollierbarkeit der menschlichen Objekte der Bürokratie geht nun Hand in Hand umgekehrt eine wachsende Unkontrollierbarkeit der Bürokraten selbst durch das Publikum ...[86]."

„Nicht nur die Verwirklichung der Menschenwürde, sondern das Überleben menschlicher Kultur überhaupt wird von jetzt an davon abhängen, ob Menschen dreierlei lernen:

Sich als Schöpfer der Geschichte — anstatt als ihre Objekte; als mitverantwortliche Gestalter der Zukunft — anstatt als ausführende Instrumente objektiver Kräfte; als Träger und Nutznießer von Sozialgebilden — anstatt als ihre Diener und Opfer zu verstehen und zu betragen[87]."

---

[83] Ebd., S. 22.
[84] Ebd., S. 24.
[85] Ebd., S. 33.
[86] Ebd., S. 38.
[87] Ebd., S. 55.

„Menschenwürde erfordert wirksame Beschränkung von Machtkonzentrationen und wirksame Kontrolle der Machthaber[88]." „In der Demokratie, also der ‚menschenwürdigen' Gesellschaft, kann(die Machtkonzentration) ihre Legitimation nur durch ... eine Delegierung von Entscheidungsbefugnissen von den Vielen auf Wenige oder Einen erlangen ...[89]."

„So gesehen ist Mißtrauen gegenüber Machthabern nicht nur ein Recht, sondern eine Pflicht, die sich aus der Menschenwürde ergibt. Vertrauen, das nicht rechtzeitig ... widerrufbar ist, ... sollte endlich ... als grobe Gefährdung der eigenen und der allgemeinen Sicherheit behandelt werden[90]."

„Verfassungsmäßige Proklamationen der Menschenwürde sind lediglich ein erster Schritt auf dem langen Weg zu gesellschaftlicher Mündigkeit, der nur durch gemeinsame, selbstverantwortliche Bemühungen aller gebahnt und beschritten werden kann[91]."

Behrendts Ausführungen nehmen teil an der Schwäche intuitiv-approximativer Theorie, die sich auf Konsens anweist, daß etwas „wohl nicht bezweifelt werden"[92] kann. Immerhin wird der Operationalisierbarkeit von Würde durch seine Plausibilitätszusammenhänge vorgearbeitet. Ich verkenne nicht, daß meine eigene Interpretationsmethode im Grunde ähnlich verfährt, es sei denn, daß man funktionaler Analyse höhere Ertragsfähigkeit zuerkennt. Zur Prüfung dieser Frage nun Luhmanns Würdekonzept.

8. Luhmann: Würde als gelingende Selbstdarstellung

Die Schrift ‚Grundrechte als Institution' versteht sich als Beitrag zur politischen Soziologie. Aus dieser Perspektive wird Würde nicht sogleich auf ihren juristisch-dogmatischen Gehalt befragt, sondern ihre Verstehbarkeit zunächst mit anderen gesellschaftsanalytischen Befunden abgestimmt. Luhmann geht von der Differenziertheit der Gesellschaftsordnung aus, in der von jedem Menschen erwartet wird, „daß er imstande sei, sein Handeln auf mehrere soziale Systeme zu beziehen und deren unausgeglichene Anforderungen in einer persönlichen Verhaltenssynthese zu vereinen"[93]. Ist dieses Vermögen tatsächlich vorhanden, so befähigt es zur „Konfliktlösung durch Persönlichsein"[94].

---

[88] Ebd., S. 58.
[89] Ebd., S. 61.
[90] Ebd., S. 62.
[91] Ebd., S. 64.
[92] Ebd., S. 41.
[93] *Luhmann*, N.: Grundrechte als Institution, 1965, I, S. 53.
[94] Ebd., S. 53, Fn. 3.

Luhmann kritisiert, daß die heutige Verfassungsdogmatik die Begriffe Freiheit und Würde interpretiert „ohne jede Rücksicht auf die Wissenschaften, welche sich mit dem Menschen und der menschlichen Gesellschaft befassen"[95].

Demgegenüber rät er zur Umbesinnung in den Grundfragen und zur Ausrichtung der menschlichen Vernunft auf das, was anders sein könnte, weil der Sinn des Identischen in seiner Kraft liege, andere Möglichkeiten zu ordnen[96].

Im Zusammenhang damit geht Luhmann davon aus, daß die Selbstidentifikation des Menschen sich im sozialen Kontakt vollzieht, „also im Wissen darum, daß man mit jeder einsehbaren Lebensäußerung absichtlich oder unabsichtlich eine Aussage über sich selbst verbindet"[97]. So wird der Mensch unter Verwischung von Sein und Schein die Persönlichkeit, als welche er sich darstellt[98].

Von daher ortet Luhmann Freiheit und Würde als „Grundbedingungen des Gelingens der Selbstdarstellung eines Menschen als individuelle Persönlichkeit"[99].

„Selbstbewußte Individualität gewinnt er nur dadurch, daß er sich als Interaktionspartner selbst darstellt. Er muß dabei nicht nur mitteilen, was er ist, sondern ... zugleich in Aussicht stellen, daß er die Erfordernisse kommunikativer Kontakte beachten wird, daß er Interesse an Interaktionen hat, daß er sich ihren Normen fügen wird und — was das Wichtigste ist — daß er als Individuum konsequent, erwartbar, zuverlässig auftreten wird: daß er in seiner Individualität konsistent bleibt[100]."

„Wir begnügen uns im folgenden mit den groben Begriffen ‚Persönlichkeit' und ‚Selbstdarstellung' und setzen voraus, daß darunter eine hochkomplexe und differenzierte Struktur der Erlebnisverarbeitung verstanden wird, die in einem bestimmten Augenblick weder in vollem Umfange bewußt, noch in vollem Umfange sozial dargestellt werden kann[101]."

„Freiheit und Würde sind Vorbedingungen dafür, daß der Mensch sich ... als Individuum sozialisieren kann." Das Handeln gewinnt Symbolwert für die Präsentation eines Persönlichkeitssystems. Dazu darf das Handeln nicht unmittelbar umweltveranlaßt erscheinen; „es muß in diesem Sinne ‚frei' sein. Und es muß eine gewisse Darstellungs-

---

[95] Ebd., S. 57.
[96] Ebd., S. 60.
[97] Ebd., S. 60.
[98] Ebd., S. 60.
[99] Ebd., S. 61.
[100] Ebd., S. 61.
[101] Ebd., S. 61, Fn. 24.

8. Luhmann: Würde als gelingende Selbstdarstellung

konsistenz aufweisen. Es darf nicht erkennbar widersprüchlich oder fehlerhaft sein, keine nachteiligen Einblicke freigeben. Es muß in diesem Sinne Würde prästieren. Die Begriffe Freiheit und Würde sind ... werthaft formulierte Bezeichnungen für die Außen- bzw. die Innenproblematik menschlicher Selbstdarstellungen[102]."

„Freiheit ist keine Frage der Kausalität, ... sondern eine Frage der Zurechnung. Das Freiheitserleben richtet sich danach, ob das Handeln einem personalen oder einem sozialen Aktionssystem und welchem es zugerechnet wird[103]. Freiheit und Zurechnung bezeichnen dasselbe Problem[104] ... erst wenn man die Freiheit nicht als ‚natürliche', ontisch vorgegebene Kausalrelation, sondern als symbolische Implikation des Handelns versteht, kann man die Aufgabe ermessen und anpacken, die einer Sozialordnung gestellt ist, welche die Freiheit des Menschen ermöglichen will[105]. Freiheit von offensichtlichem Zwang und genau durchgezeichneten sozialen Erwartungen ist mithin Voraussetzung für Selbstdarstellung[106]. Freiheit kann heute nicht mehr Freiheit von jeder wissenschaftlich aufdeckbaren Ursache des Handelns bedeuten, denn dann gäbe es keine, sondern: Freiheit von sozial manifesten Außenursachen, weil nur diese die persönliche Zurechnung des Handelns einschränken und damit die Selbstdarstellung der Person, die soziale Konstitution einer individuellen Persönlichkeit behindern[107]."

„Würde ist ein Wunschbegriff, der die gelungene Selbstdarstellung bezeichnet[108]."

Würde gilt als Eigenschaft des Menschen, obwohl im Grunde nur das Problem, nicht der Erfolg universell ist[109].

„Würde muß konstituiert werden. Sie ist das Ergebnis schwieriger, ... teils bewußter, teils unbewußter Darstellungsleistungen. Sie ist eines der empfindlichsten menschlichen Güter, weil sie so stark generalisiert ist, daß alle Einzelheiten den ganzen Menschen betreffen. Eine einzige Entgleisung, eine einzige Indiskretion kann sie radikal zerstören. Sie ist also alles andere als ‚unantastbar'. Gerade wegen ihrer Exponiertheit ist sie einer der wichtigsten Schutzgegenstände unserer Verfassung[110]. Die natürliche Reaktion auf eigenen Würdeverlust ist demnach, daß der Betroffene seine Persönlichkeit aus dem Verkehr zieht. Er verzichtet auf die Freiheit der Kontaktwahl und führt seine

---

[102] *Luhmann*, ebd., S. 63.
[103] Ebd., S. 63.
[104] Ebd., S. 64.
[105] Ebd., S. 65.
[106] Ebd., S. 66.
[107] Ebd., S. 66.
[108] Ebd., S. 68.
[109] Siehe Fn. 108.
[110] Ebd., S. 69.

Freiheit sozusagen auf das Maß seiner Würde zurück[111]. Würde fände kein Darstellungsmaterial, wenn es keine freien Handlungen oder Handlungsaspekte gäbe[112]. In Freiheit und mit Würde kann der Mensch eine generalisierte Einstellung zu sich selbst entwickeln und seinem kommunikativen Verhalten ... zugrunde legen[113]. Grundrechte gewähren weder Freiheit noch Würde. Das steht nicht in der Macht des Staates[114]. Seine Würde hat der Mensch also in erster Linie selbst zu verantworten. Da gerade diese Verantwortung die Würde ist, können ihr direkte Angriffe zumeist nichts anhaben[115]. Freiheit unter Fremdregie ist das Ende der Würde, jedenfalls der öffentlichen Würde des Menschen, weil sie ihn zu persönlichen Darstellungen veranlaßt, die ihn in die Alternative zwingen, entweder inkonsistent zu sein und in ein öffentliches und ein privates Selbst zu zerfallen oder seine Eigenheit ganz zugunsten der geforderten Linie aufzugeben[116]." Als Beispiel für Entwürdigung beschreibt Luhmann die Möglichkeit, einen Menschen so wirksam zu diskreditieren, daß sie kein Echo für ihre eigene Selbstdarstellung mehr finden[117]. „Derartigen Entwürdigungen ist die juristische Tatbestandstechnik der liberalen Verfassungskonstruktion nicht gewachsen, und auch das Bonner Grundgesetz vermag sie im Grundrechtsteil nur zu perhorreszieren, während die wirklichen Sicherungen im Organisationsrecht liegen[118]."

Dennoch bezweifelt Luhmann die Juridifizierbarkeit des grundrechtlichen Würde-Schutzes nicht und will mit Löw[119] Art. 1 GG als klagbares Grundrecht ansehen[120].

Ein juristisches Argument für seine These, daß mit der Würde des Menschen seine Selbstdarstellung geschützt wird, gewinnt Luhmann mittels Auslegung von § 136 a StPO, der es verbiete, Kommunikationen zu erwirken, die der Täter nicht in seine Selbstdarstellung eingliedern kann[121]. Das Einverständnis mit der Anwendung unzulässiger Vernehmungsmethoden sei deswegen unbeachtlich, weil aus der Verweigerung des Einverständnisses Rückschlüsse gezogen werden könnten[121]. Luhmann besteht darauf, daß die Verfassung Würdeschutz nur vor dem

---

[111] *Luhmann*, N., GAI, S. 69.
[112] Ebd., S. 70.
[113] Ebd., S. 70.
[114] Ebd., S. 72.
[115] Ebd., S. 73, Fn. 54.
[116] Ebd., S. 73.
[117] Ebd., S. 74.
[118] Ebd., S. 74.
[119] *Löw*, K.: Ist die Würde des Menschen im Grundgesetz eine Anspruchsgrundlage?, DöV 1958, S. 516 - 520.
[120] *Luhmann*, S. 74 und Fn. 57.
[121] Ebd., S. 75, Fn. 59.

8. Luhmann: Würde als gelingende Selbstdarstellung

Staat gewährt, weil Schutzansprüche gegen private Tücke den Schutz des einzelnen gegenüber dem Staat ins Konturlose verunsichere[122].

Als evident betrachtet es Luhmann, daß Würde und Gewissen eng verbundene Tatbestände sind[123]. „Die ärgste Feindin des Gewissens, die Gewissensfreiheit, verhindert nach Möglichkeit, daß der Mensch überhaupt in Situationen kommt, in denen er die Gewissensentscheidung zu treffen hat[124]." — Die Parallele zum Würdeschutz, der Würdebedrohung präventiv fernhalten muß, ziehen wir später.

Den Vorzug seiner Würdetheorie sieht Luhmann wesentlich darin, eine klare Abgrenzung von Würdebegriff und Freiheitsbegriff zu ermöglichen: Die Würde bezieht sich auf die inneren, die Freiheit auf die äußeren Bedingungen und Probleme der Selbstdarstellung als individuelle Persönlichkeit[125]. Das Recht auf freie Entfaltung der Persönlichkeit ist das Recht des Menschen auf eine ihm zurechenbare Handelssphäre, die er braucht, um sich als Persönlichkeit, als selbstbewußte individuelle Einheit darstellen zu können[126].

Die Grundrechte der Freiheit und Würde haben eine wichtige Funktion des Schutzes dieser Sphäre (der individuell-persönlichen Selbstdarstellung) gegen staatliche Eingriffe, welche das symbolisch-kommunikative Ausdruckspotential der Persönlichkeit entscheidend lähmen könnten[127]. —

Wir schließen die Darstellung von Luhmanns Würdekonzept damit ab. Mit Kritik wird vorläufig zurückgehalten, weil der Gesichtspunkt, unter dem Kritik anzusetzen hätte, noch nicht herausgearbeitet ist. Weiter unten wird um so dringlicher nach der Verhaltensnorm gefragt, die geeignet wäre, Würde als empfindliches und knappes Rechtsgut zu fördern. Mit dem Hinweis auf Klagbarkeit und Würde als Anspruchsgrundlage ist wenig geholfen. Zunächst nachfolgend untersuchen wir das Würdeverständnis des Gesetzes außerhalb der Verfassung.

---

[122] Ebd., S. 76, Fn. 60.
[123] Ebd., S. 76.
[124] Ebd., S. 77.
[125] Ebd., S. 77.
[126] Ebd., S. 79.
[127] Ebd., S. 82.

C. Konstruktive Bestimmung

1. Würde als Rechtmäßigkeitsgrenze der Organwalterweisung

§ 56 Abs. 2 Bundesbeamtengesetz lautet:

„Bedenken gegen die Rechtmäßigkeit dienstlicher Anordnungen hat der Beamte unverzüglich bei seinem unmittelbaren Vorgesetzten geltend zu machen. Wird die Anordnung aufrechterhalten, so hat sich der Beamte, wenn seine Bedenken gegen ihre Rechtmäßigkeit fortbestehen, an den nächsthöheren Vorgesetzten zu wenden. Bestätigt dieser die Anordnung, so muß der Beamte sie ausführen, sofern nicht das ihm aufgetragene Verhalten strafbar und die Strafbarkeit für ihn erkennbar ist *oder das ihm aufgetragene Verhalten die Würde des Menschen verletzt;* von der eigenen Verantwortung ist er befreit. Die Bestätigung hat auf Verlangen schriftlich zu erfolgen."

§ 38 Abs. 2 Beamtenrechtsrahmengesetz lautet:

„Bedenken gegen die Rechtmäßigkeit dienstlicher Anordnungen hat der Beamte unverzüglich auf dem Dienstwege geltend zu machen. Bestätigt ein höherer Vorgesetzter die Anordnung, so muß der Beamte sie ausführen und ist von der eigenen Verantwortung befreit; dies gilt nicht, wenn das dem Beamten aufgetragene Verhalten strafbar und die Strafbarkeit für ihn erkennbar ist *oder das ihm aufgetragene Verhalten die Würde des Menschen verletzt.*"

§ 11 Abs. 1 Soldatengesetz lautet:

„Der Soldat muß seinen Vorgesetzten gehorchen. Er hat ihre Befehle nach besten Kräften vollständig, gewissenhaft und unverzüglich auszuführen. Ungehorsam liegt nicht vor, wenn ein Befehl nicht befolgt wird, *der die Menschenwürde verletzt,* oder der nicht zu dienstlichen Zwecken erteilt worden ist; die irrige Annahme, es handle sich um einen solchen Befehl, befreit nicht von der Verantwortung."

In allen drei Fällen suspendiert die befohlene Würdeverletzung die Gehorsamspflicht zugunsten höchstpersönlicher, also nicht delegierbarer Verantwortung für die Würde des durch die befohlene Verletzung Bedrohten.

Das sind Beispiele für die Abwendung von Würdeverletzungen vor ihrem Eintritt, zum einzig sinnvollen Zeitpunkt also. Hinsichtlich der Würdewahrung kommt dem Gehorsamspflichtigen eine Garantenstel-

1. Würde als Rechtmäßigkeitsgrenze der Organwalterweisung

lung, eine Erfolgsabwendungspflicht zu. Für Soldaten ist normgemäßes Verhalten hier besonders riskant, weil die Gehorsamsverweigerung in der irrigen Annahme, es handle sich um einen würdetangierenden Befehl, von der Verantwortung für die Gehorsamsverweigerung nicht befreit. Damit wird im Zweifel wieder eine Präferenz für Gehorsam gegen Würde begründet. Diese würdeverkürzende Tendenz könnte verfassungswidrig sein[1].

Daß Würdewahrung Gehorsamsprobleme impliziert, sahen wir schon bei der Interpretation des kantischen Würdekonzepts und finden darin eine Bestätigung, daß der gesetzliche Würdebegriff in seiner Funktion der Gehorsamspflichtmodifizierung dem kantischen nahesteht.

Den Anlaß für die vorliegende gesetzliche Regelung bot unzweifelhaft die durch keinerlei Würderücksicht gebremste Rolle der Verwaltung im Dritten Reich bei der Sonderbehandlung der Juden.

Erklärungsbedürftig bleibt jedoch, wie die Befehl-Gehorsam-Relation zur Würdevernachlässigung führt. Zugrunde liegt eine Arbeitsteilung, die so funktioniert, daß der verantwortlich Weisungsbefugte etwas anordnet, was für ihn leicht ist, weil er es nicht ausführen muß. Der angewiesene Gehorsamspflichtige wird — das ist die Gehorsamsgratifikation — von der Verantwortung der Anweisungsvollstreckung entlastet. Dieses Herrschaftsprinzip ist kaum geeignet, Entscheidungen verfahrensmäßig zu legitimieren. Fraglich ist ferner, ob die Suspendierung des Prinzips bei Würdetangierung funktioniert. Konsequentes Denken muß fragen, wie das Befehl-Gehorsam-Prinzip sich in der kommunikativen Ordnung von Demokratie und Rechtsstaat legitimiert, denn Gehorsam fragt nicht nach zivilisierter Kommunikation, sondern vollzieht und meldet Vollzug. Effizienz und Würdewahrung lassen sich nicht zugleich optimieren —, mit Würdewahrung ist stets eine Effizienzeinbuße verbunden. Nun lassen sich militärisch kritische Situationen denken, in denen die Alternative heißt: Effizienz oder Tod. Würde um den Preis des Lebens zu wahren raubt der Würde ihre Grundlage. Wenn die Rechtfertigung der Befehlskommunikation auf das Vorliegen einer Krisensituation gestützt wird, ist die Befehlskommunikation bereits von der Regel zur Ausnahme versetzt. — Befehl und Gehorsam stützen sich unmittelbar auf Zwang durch Strafandrohung bei Gehorsamsverweigerung. Wenn ein Befehl sich nicht situationsmäßig durch Zeitknappheit rechtfertigt, beruht er auf keinem überzeugenden Motiv. Befehl als Symbol von Herrschaftsgeneralisierung verhindert kooperativ gruppendynamische Kräfteaddition und untersucht nicht das funktional überlegene Äquivalent freiwilligen Gehorsams. Gehorsam kann selbstverständlich werden, wenn ein Befehl sich durch kritiksuchende

---
[1] Vgl. *Rupp*, H.-H.: Grundfragen der heutigen Verwaltungsrechtslehre, 1965, S. 66 f. und Fußn. 138.

Sachrichtigkeit legitimiert. Befehl muß auf die Bedingung seiner Ersetzbarkeit reflektiert werden. Befehle laufen Gefahr, die bessere Maßnahme zu verkennen, wenn sie sich nicht kommunikativ legitimieren. Befehl und Gehorsam werden nach wie vor mit Untertanengeist assoziiert, so daß Denken, Entscheiden, Befehlen ‚Oben' bedeutet und Nichtdenken, Ausführen, Gehorchen ‚Unten'.

Die Bundeswehrformel vom ‚denkenden Gehorsam' ist eine Verschleierung der halb bewußt gewordenen strukturellen Inkompatibilität von Rechtsstaat-Demokratie und Gehorsamslegitimation. Gehorsamszwang statt Überzeugung greift lapidar in die Selbstdarstellung des Pflichtigen ein, weil er seine Alternativeneinsicht irrelevant setzt, und in die Selbstdarstellung des Vollzugsadressaten, weil der Handelnde seine Befehle hat, für die ein anderer, zunächst Unerreichbarer die Verantwortung trägt. Liquidation findet typisch so statt, daß der Verantwortliche unerreichbar abwesend ist. Die Effizienz von Befehl und Gehorsam ist so gefährlich, weil die Frage nach der Legitimität und Verbindlichkeit der Entscheidung im Befehl meist nur nachträglich intern als Gewissensbiß auftaucht. Die Bedingungen für die Vereinbarkeit von Würde und Befehl/Gehorsam können nicht als geklärt gelten. Die gehorsamsuspendierende Wirkung von Würde in befehlverwendenden Gesetzen wirkt wie eine Renaissance von Widerstandsrecht und -pflicht zugunsten von Würde.

2. Das Würde-Synonym: Wert oder Selbstdarstellung?

Die Würdenorm muß wie jede andere die ihrem Rechtsgut förderliche Verhaltenserwartung klarstellen. In der Handlungsanweisung müssen die Merkmale des Rechtsgutes daher mitgedacht sein. Die Frage, was Würde sei, stellten wir so um, daß wir mehr fragten, wie Würde sei, also die Bedeutung und das Funktionieren des Phänomens analytisch schärfer ins Auge faßten. Damit ist die empirische Präzisierung des Würdebegriffs noch nicht geleistet, wohl aber die Annäherung auf hermeneutischem Umweg zum Zweck des Vergleichs verschiedener Würdeverständnisse zu verschiedenen Zeiten.

Dabei erscheint Würde immer wieder im Zusammenhang mit Wert, in dem Sinn, daß Würde den Wert des Menschen meint. Nun ist dieser Befund so leerformelhaft, daß die Klarstellung der normativen Verhaltenserwartung daraus kaum zu gewinnen ist. Gleichwohl muß die Synonymsetzung von Würde mit Wert im Hinblick auf die gesuchte Handlungsanweisung diskutiert werden.

Wert impliziert Knappheit. Sand, den es am Meer und in der Wüste reichlich gibt, ist nur dort wertvoll, wo er fehlt, beim Häuserbau im Gebirge etwa. — Würde erhält ihren Knappheitswert dadurch, daß sie in Konkurrenz tritt zu anderen Verhaltensmotiven, zu Profit, Effizienz, Überleben zum Beispiel. Wo Würde als allen Menschen zukommende gleichheitbegründende Begnadung gedacht wird, ist Würde nur Scheinwert, denn dann ist Würde nicht besorgniserregend knapp, sondern so universell vorhanden, daß sie keine Normfürsorge braucht.

Wert als Knappheitssymbol verweist immer auf konkurrierende Werte, also auf Wertkonflikte, die in einer Raum-Zeit-Koordinate je nach Dringlichkeitsrang zu entscheiden sind. Was ist damit gewonnen, Würde Wert zu nennen? Allenfalls die Teilnahme an Wertkonflikten, nicht aber die Rangbevorzugung. Der Marktmechanismus der Werte macht es sinnlos, Würde als obersten Wert zu deklarieren. Solche Deklaration ist unrealistisch und würde von der Unabweisbarkeit anderer Dringlichkeiten einfach unterlaufen. Würde als Argument der Rechtsprechung verändert die Rechtslage manchmal, oft genug aber nicht. Es ist nicht so, daß da, wo Würde als Argument einschlägig ist, automatisch andere Argumente unterliegen. Alles hängt von dem Konsens ab, wann die Dringlichkeit des Würdearguments gegenüber anderen die Oberhand behält, und dafür genügt es eben nicht, Würde Wert zu nennen. Der Wert der Würde muß näher spezifiziert werden, um seine Dringlichkeit erkennbar und plausibel zu machen. Dazu könnte das Verständnis der Würde als gelingende Selbstdarstellung einen Beitrag leisten. Selbstdarstellung ist zu Wert keine Alternative, sondern seine marktfähige Aufbereitung. Damit gewinnen wir die Möglichkeit, keines der angezeigten Würdekonzepte als unbrauchbar aus dem Feld zu schlagen, sondern die Identität des Würdebegriffs in koordinierender Synthese zu wahren.

3. Selbstdarstellung

Um von der Persönlichkeit eines Menschen Kenntnis zu erlangen, sind wir auf Darstellungsleistung, auf Ausdrucksverhalten angewiesen, das uns einen ersten Eindruck von einer Person vermittelt. In sozialer Interaktion kann jedes Verhalten unter dem Aspekt der Selbstdarstellung des Handelnden gesehen werden. Der Eindruck hängt von der eigenen Erwartung und davon ab, wie der andere sich gibt. Verhalten gilt als Verhaltensentscheidung angesichts von Kontingenz, der mitgedachten Möglichkeit, sich auch anders verhalten zu können.

Selbstdarstellung[2] bedeutet soviel wie Selbstexpression vor dem Hintergrund variabler Steuerung. Durch Selbstdarstellung werden Eindrücke erzeugt, die dem Darsteller als Eigenschaften zugerechnet werden. Menschenkenntnis bedeutet die treffsichere Einschätzung von

---

[2] Vgl. zu diesem Begriff *Goffmann*, E.: Wir alle spielen Theater, Die Selbstdarstelung im Alltag, 1959, deutsch 1969.; *Luhmann*, N.: Vertrauen, 1968, S. 37 ff., 59 ff., 81 ff.

Selbstdarstellungen auf ihre Glaubwürdigkeit. Der Darsteller erhält durch die Reaktion des Partners Auskunft darüber, welches Selbstbild übermittelt und akzeptiert wurde. Dieses kann er dann mit dem eigenen Selbstbild vergleichen und rückkoppelnd variieren. Das Selbst ist stets Darstellungsergebnis.

Der Satz „ich stelle mich dar" gibt den Darstellungssachverhalt zutreffend wieder: Das Ich organisiert die Darstellung des Mich-Selbst nach dem Gesichtspunkt erwünschter Wirkung. Rollen setzen Ich-Leistungen voraus, um die Vereinbarkeit mit anderen Rollen zu sichern. Hauptsächlich aber entlasten Rollen von selbstdarstellenden Ich-Leistungen, indem ein benötigtes Selbst vorgefertigt bereitgestellt wird, das einen zur Anpassung willigen Träger sucht. In der Rolle als festgelegt angesonnener Erwartung sucht ein präfabriziertes Selbst ein Ich. Im Gegensatz zur liberal-idealistischen Vorstellung bedeutet Selbstverwirklichung heute weniger, daß das suchende Ich sein frei komponiertes Selbst findet, sondern angesichts von Systembedürfnissen und ökonomischen Zwängen werden Selbstpositionen als offene Stellen angeboten, die das in langer Ausbildung zur Anpassung vorbereitete Ich einnehmen soll und dazu durch Prestige und Geld motiviert wird. — Im Rollenkonzept ist die Austauschbarkeit des die Rolle annehmenden Ichs mitgedacht. Die Würdegefährdung durch Rollen liegt nicht so sehr in der Austauschbarkeit, die durch Tod und Freizügigkeit ohnehin notwendig ist, sondern in der Beschränkung der Selbstdarstellungsmöglichkeiten durch die Rolle. In der Rolle wird das Ich der Fremdbestimmung unterworfen, es wird ihm zugemutet, sich mit einem Selbst zu identifizieren, das nicht seines ist, daß es aber auch nicht ablehnen kann, wenn es überleben will. Die Divergenz zwischen eigenen und Rollenselbstbildern erlebt das Ich als Entfremdung, als Identitäts- und Würdebedrohung. Die Rolle schafft Würdeprobleme, weil sie Ausdrucksgrenzen hat, die nur schwer zu transzendieren sind. In der Rolle wird das Ich partiell entmündigt, indem es zu Darstellungen angehalten wird, deren Ersetzbarkeit in Routine symbolisiert sind. —

Hier ist die Bemerkung am Platz, daß es verfehlt wäre, die Bestimmung der Würde gegen den Fortschritt arbeitsteilender Systemerfordernisse anzusetzen. Das wäre ein Kampf gegen Windmühlenflügel, über den die Entwicklung unbeeindruckt hinweggeht. Worum es geht ist die Sensibilisierung des Würdebewußtseins bei den Folgeproblemen arbeitsteilender Rationalität. Unverkennbar gehören zu diesen Folgeproblemen die Verursachung psychischer Defekte, das Auftreten von Entfremdung, Identitätsverlust und Depersonalisation[3]. Darin sind Würdeprobleme involviert, die Soziohygiene erfordern als

---
[3] Vgl. Meyer, J.-E. (Hrsg.): Depersonalisation, 1968.

gemeinsame Aktionsbasis von Recht und Medizin. Dem Recht ist steuernde Prophylaxe aufgegeben, um zu verhindern, daß die von den Menschen geforderte und geleistete Anpassung sich an ihnen nicht durch Krankheit rächt. — Dafür stehen grundsätzlich zwei Wege offen: einerseits durch Konditionierung, Erziehung und Ausbildung den einzelnen zu eigenverantwortlicher Würdewahrung und Selbstdarstellung befähigen, andererseits durch flexibles Systemverhalten an fremder Selbstdarstellung teilzunehmen und würdefördernde Solidarität zu üben, Würdeprobleme also fremdverantwortlich mindestens in dem Maße zu lösen wie sie systembedingt von außen verursacht wurden. —

Dafür sind Kenntnisse über die Entstehung und Lösung von Selbstdarstellungsproblemen erforderlich.

Bewußte Selbstdarstellung ist die Organisation des Verbindens von Erleben und Handeln in doppelt passender Weise, identitätswahrend übereinstimmend mit vergleichbarem Vorverhalten und komplementär sinnvoll korrespondierend mit dem Verhalten des Interaktionspartners. Selbstdarstellung ist wesentlicher Bestandteil sozialen Handelns, als solcher an Erwartungen orientiert und darauf bedacht, gemeinsame Zukunftschancen nicht zu verschütten. Das Agens der Selbstdarstellung ist die Person oder das Ich, dessen Organisationsvermögen bereits Freud betont hat. Robert Heiss definiert Person als Träger und Ausgleich des Lebenszwiespalts[4]. Die Person gewinnt ihr Darstellungsvermögen im Prozeß der Personalisation, soll heißen: Erwerb der Fähigkeit zur Selbstformung und -steuerung der eigenen Triebstrukturen, als sinngebende, koordinierende und verantwortlich gestaltende Rückwirkung des Individuums auf die Faktoren Gesellschaft und Kultur[5]. Person ist der Inbegriff der menschlichen Bemühung, die ständige Bedrohtheit seiner Würde und die Angst vor dem Verlust der Identität beherrschbar zu machen. Würde und Identität beziehen sich auf die Bedingungen des Weitermachenkönnens und des gesellschaftlichen Akzeptiertwerdens.

In der Selbstdarstellung ist Würde als Aufbauarbeit Prozeß, als Erfolg Ereignis. Der Verlust von Würde ereignet sich als Fehlleistung der Selbstdarstellung in einer sachlich, persönlich und zeitlich begrenzten Situation. Ein Beispiel dafür ist esprit escalier, das Gefühl des Versagens, wenn einem das würdewahrende Verhalten erst nachträglich einfällt, die Selbstdarstellungsgelegenheit aber vorüber ist.

Die rechtliche Relevanz der Selbstdarstellung wird deutlich durch die Folgen ihres Scheiterns. Scheiternde Selbstdarstellung wirkt de-

---
[4] *Heiss*, R.: Die Lehre vom Charakter, 1936, S. 115.
[5] *Wurzbacher*, G.: Der Mensch als soziales Wesen, 1963, S. 14.

struktiv auf Persönlichkeit, Interaktion und soziale Struktur[6]. Die Selbstdarstellung und ihr Gelingen regulieren Umfang und Eigenart der Interaktionsbeteiligung. Wer mit seiner Selbstdarstellung gar keine Anerkennung findet, läuft Gefahr, gesellschaftsunfähig zu werden, d. h.: die Gesellschaft als feindlich zu empfinden und sich in ihr als Amokläufer oder Rocker zu betätigen. Dann beginnt ein böser Zirkel aus sich abwechselnden Negativsanktionen des einzelnen gegen die Gesellschaft und umgekehrt. Scheiternde Selbstdarstellung stellt die Beteiligungsfähigkeit an Interaktionen in Frage. Die Gesellschaft hat ein vitales Interesse an der Interaktionsfähigkeit ihrer Mitglieder, um deren Ansprechbarkeit für ihre Normen und Werte sicherzustellen. Die Logik gesellschaftlicher Anerkennung ist strikt mit Anpassung verknüpft, und wer abweicht, wird mit Kommunikationsentzug gestraft. Achtung und Schutz der Würde begrenzen diese Logik, denn die Erfahrung des Dritten Reichs hat sie ad absurdum geführt. Zur gesellschaftlichen Logik gehört, daß sie ihre innere Solidarität gegen Sündenböcke organisiert. Dagegen richtet sich die Würdenorm und fordert von aller staatlichen Gewalt eine Art Selbstverleugnung wider schlechtere Neigung, neben dem Insistieren auf fordernden Normen selbst Toleranz zu zeigen und würdewahrendes Entgegenkommen. Die Würdenorm fordert Teilhabegarantie gerade dann, wenn der einzelne sie aus eigener Kraft nicht durchsetzen kann.

4. Der systematische Standort der Würde

Unter Schuld verstehen wir die psychischen Beziehungen des Straftäters zur Tat, die dazu führen, ihm die Tat mißbilligend vorzuwerfen. Schuldhaftes Verhalten ist unter normativem Gesichtspunkt eine offenbar scheiternde Selbstdarstellung. Dieses Urteil fungiert als Rückmeldung über eine Verhaltensweise, die so nicht hingenommen werden kann, sondern Gegenmaßnahmen erfordert, soziale Kontrolle mittels Sanktionen. Nulla poena sine culpa. — Ich versuche nun, Würde im Rahmen sozialer Kontrolle gegen Schuld anzusetzen. Soziale Kontrolle arbeitet mit Positiv- und Negativsanktionen. Während Schuld den Vorwurf mißbilligten Verhaltens bezeichnet, bedeutet Würde die Wertschätzung erwünschten, irgendwie gelingenden Verhaltens. Würde ist gelingende, Schuld scheiternde Selbstdarstellung. Schuld ist psychologisch konzipiert als Beziehung des Täters zur Tat und normativ als Vorwerfbarkeit. Diese Qualifizierung kann man für Würde übernehmen und sie psychologisch deuten als subjektive Empfindung stimmigen, ankommenden Verhaltens, in dem sich das Selbst selbstbewußt präsentiert und repräsentiert fühlt, kann sie andererseits normativ deuten als Lob und Anerkennung für Anpassung und erwartungskonformes erwünsch-

---
[6] Vgl. *Goffman*, E.: Stigma, Über Techniken ..., 1972, S. 56 ff.

tes Verhalten. Wir erkennen darin eine gewisse Symmetrie sozialer Kontrolle in positiver und negativer Hinsicht: Wie Schuld Strafe bewirkt, verursacht Würde Vertrauen. Vertrauen enttäuschen kann Schuld sein, Schuldvermeidung Würde. Der Umgang mit Vertrauen ist der Scheideweg von Schuld und Würde. Schuld verhält sich zu Würde wie Strafe zu Vertrauen. Der christlichen Einsicht unvermeidlicher Schuld entsprechen die Schwierigkeiten, Selbstdarstellungen gelingen zu lassen.

Die Zurechnung von Verhalten zur Schuld setzt den Aufweis der besseren Alternative, emphatisch zurückversetzt in den Entscheidungshorizont des Handelnden, voraus. Kein Vorwurf ohne die faktische Möglichkeit der normgemäßen Alternative. Schuldausschließungsgründe berücksichtigen spezifische Selbstdarstellungsschwierigkeiten mittels Zurechnungsverschiebung so, daß der unerwünschte Erfolg dem Zwang der Situation und nicht persönlichem Fehlverhalten zugerechnet wird. Schuld ist würdeverfehlende Selbstdarstellung, der das Unterlassen möglicher und gebotener Rücksicht vorgeworfen wird. Selbstdarstellung gelingt als Würde mittels Rücksicht und Vorsicht, durch umsichtige Sorgfalt, Fahrlässigkeit zu vermeiden. — In der Denkfigur der Nichtzumutbarkeit, die mindestens Schuldminderung bewirkt[7], konvergieren Schuld und Würde. Das nicht zumutbare Verhalten ist, auf den Erfolg bezogen, eigentlich erwünscht; auf den handelnden Normadressaten bezogen muß man jedoch mitfühlend einsehen, daß die Erwartung überzogen und nicht verallgemeinerungsfähig ist, weil das verlangte Opfer aus der Perspektive normativer Vernunft größer ist als der abzuwendende Schaden. Zumutbarkeit ist die Opfergrenze für Normgehorsam, jenseits derer die Zumutung Ungehorsam und Gegensolidarisierung provoziert. Die Garantie der Zumutbarkeit erleichtert das Gelingen der Darstellung.

5. Vertrauen

Unsere These, daß Würde Vertrauen auf sich zieht wie Schuld Strafe, müßte auch von der Seite des Bewirkten her plausibel zu machen sein. Dem Juristen ist die Relevanz des Vertrauensschutzes geläufig, der auf einem Rechtsscheintatbestand basiert. Würde als Rechtsscheintatbestand, auf den mit rechtlicher Unterstützung vertraut werden darf, ist bislang nicht erörtert worden.

Vertrauen dient zur handlichen Vereinfachung unübersichtlich komplexer Zukunft[8], sie ist funktional äquivalent mit Mißtrauen, das den

---

[7] *Schönke / Schröder*, StGB-Kommentar, Vorbem. 91 vor § 51.

[8] Luhmann nennt Vertrauen einen Mechanismus der Reduktion sozialer Komplexität, in: *Luhmann, N.*: Vertrauen, 1968, S. 39.

Nachteil hat, vor lauter Risikobewußtsein die Handlungsfähigkeit einzubüßen. Der Bedarf an Vertrauen entsteht durch die unkontrollierbare Handlungspotenz, als die uns die Freiheit der anderen begegnet[9]. Als grundrechtliche Institution wird Handlungsfreiheit nur um den Preis ihrer Verantwortung gewährt. Verantwortung bedeutet die Zurechnung der Handlungsfolgen grundsätzlich zum Handelnden, das Einstehenmüssen für die Wirkungen freier Handlungen. Verantwortung beruht wesentlich auf Vorhersehbarkeit, auf geistiger Antizipation. Verantwortung bedeutet die Vorwegnahme der zu erwartenden Antworten derer, die durch die Handlung betroffen sind. Durch die Antizipation des Eindrucks, den der eigene Akt bei jenen anderen, die darauf reagieren, hinterlassen wird, sieht man die geplante Tat wie in einem komplizierten Spiegel[10].

Vertrauen sucht Anhaltspunkte, um sich daran festzumachen, zu kristallisieren. Vertrauen reagiert auf den glaubwürdigen Anschein zwischenmenschlich wohlverantworteten Freiheitsgebrauchs. Für den sozialen Bereich ausreichende Freiheitsverantwortung nennen wir Würde. Durch würdiges, konsequenzbewußt verantwortliches Verhalten erwirbt der Handelnde Vertrauen, das er nunmehr als Darstellungsrequisit kreditgleich verwenden kann.

Der Vertrauende ist Gläubiger des Unterbleibens von Mißbrauch seitens desjenigen, der Vertrauen genießt. Die Eingehung einer Schuld beruht auf dem Vertrauen des Gläubigers, daß der Schuldner leisten werde. Die Eingehung von Schuldverhältnissen wird durch Vertrauen vorgesteuert. Wer als zuverlässig in Erfahrung gebracht wurde, weil er hielt, was er versprach, dem wird dieses frühere Verhalten zur Würde angerechnet und mit Vertrauen honoriert, daß sich die gemachte Erfahrung auch in Zukunft bewähren werde. Vertrauenswürdig ist, wer sich des venire contra factum proprium enthält, wer seine Selbstdarstellung fortsetzt und sich durch seine Selbstdarstellungsgeschichte gebunden fühlt[11]. Grundlage allen Vertrauens ist die verläßliche Berücksichtigung fremder Erwartungen, nicht jedenfalls so, wie sie angesonnen wurden, aber doch dem Erfolge nach. Alle Selbstdarstellung, die Vertrauen erwerben will, verpflichtet in dem Sinn, daß sie als Bestandteil der Identität gewertet wird, daß man an ihr festgehalten wird, also wenigstens Erklärungen schuldet.

Das Vertrauen, das einer genießt, läßt Rückschlüsse zu auf die Vertrauenswürdigkeit seiner Person. Man kann sagen, daß erwiesenes Vertrauen die Würde des Vertrauenswürdigen für Dritte erkennbar

---
[9] Ders., S. 39.
[10] *Strauss*, A.: Spiegel und Masken, 1968, S. 34.
[11] *Luhmann*, N.: Vertrauen, 1968, S. 59.

propagiert, daß Würde also nicht nur durch selbstdarstellende Aktivität, sondern auch von außen konstituiert, bestätigt und vermehrt wird. Würde und Vertrauen stehen im Verhältnis einer Wechselbestätigung, bei der Würde den Anfang macht.

Würde als erfolgsqualifiziertes Verhalten hängt in ihrem Fortbestand ab von den Wirkungen, die sie erzielt. Insoweit ähnelt die Konstitution und Wahrung von Würde einem Regelkreis, dessen Prinzip die Rückkoppelung vom Bewirkten aufs Bewirkende ist.

Der Zusammenhang von Würde und Vertrauen gibt Anlaß, die Beeinflußbarkeit der Würde vom Reaktionsverhalten der Interaktionspartner her zu untersuchen.

Das geschieht im Hinblick auf die Auslegung der Würdenorm, die angeben muß, wie normzweckkonform auf Würde Einfluß zu nehmen ist.

Hätte die Arbeit am Würdebegriff Würde als Unbeeinflußbares ausgewiesen, wäre die Konsequenzfähigkeit der Würdenorm entfallen. Wenn wir hinreichenden Grund gefunden haben, Würde nur als beeinflußbare angemessen zu denken, muß nun alle Aufmerksamkeit dem ‚Wie' gelten.

6. Eigenverantwortung und Fremdverantwortung für Würde

Luhmann betont, daß der Mensch seine Würde in erster Linie selbst zu verantworten hat und daß diese Verantwortung die Würde ist[12].

Ich halte das für einseitig und dem Normzweck nicht förderlich, denn so entsteht der Eindruck, daß Fremdverantwortung für Würde diese verletze.

Begriffsgeschichtlich war Fremdverantwortung für Würde stets mitgedacht. Im religiösen Konzept unverlierbarer Würde so, daß Gott dem Menschen seine Würde verleiht und also Gott für die Würde des Menschen auch dann verantwortlich zeichnet, wenn der seine dignitas eingebüßt hat.

Im kantischen Würdekonzept kommt es im Interesse der Würdewahrung zur Ausformulierung kategorisch-praktischer Behandlungsimperative, die die Fremdverantwortbarkeit der Würde voraussetzen.

Der Grundsatz und die Möglichkeit von Eigenverantwortung sind damit nicht ausgeschlossen. Die Betonung von Eigenverantwortung atomisiert die Verantwortbarkeit von Würde und vermindert die Chancen normativer Stützung. Der Hinweis auf Eigenverantwortung entlastet die Würdeverletzer von Fremdverantwortung und verkehrt

---

[12] *Luhmann*, N.: Grundrechte als Institution, S. 73, Fn. 54.

die vom Würdegrundrecht intendierte Entlastung in ihr funktionales Gegenteil.

So war es von Luhmann wohl auch nicht gedacht. Der richtige Ansatz liegt vielmehr in folgendem:

Wenn man mit Münch[13] davon ausgeht, daß die Würde verletzt ist, wenn man sich als Unbeteiligter für den Beteiligten schämt, dann — so sagt Luhmann[14] — folgt die Unverzichtbarkeit der Würde daraus, daß der Verzicht dem Mitmenschen die Peinlichkeit nicht erspart und also das Bezugsobjekt des Würdeschutzes die Kommunikationsordnung ist[14].

Diese Vorstellungen müssen differenziert werden. Für wen schämt sich der unbeteiligte Zuschauer: für den Verletzer, weil der so etwas tut, oder für den Verletzten, weil der sich nicht zu helfen weiß? Soll die Würdeverletzung von der Schamempfindlichkeit des Zuschauers abhängen? Sind Würdeverletzungen ohne unbeteiligte Dritte ausgeschlossen, und genügt es, einen homunculus normalis hinzuzudenken?

Abstrakt leuchtet der Gedanke ein, zur Gewinnung eines vernünftigen Würdewahrungsmaßstabes zu Kommunikationen Öffentlichkeit beizuziehen und die Würdewahrung beim Kommunizieren durch das Reaktionsrisiko des Publikums sicherzustellen. Unter diesem Gesichtspunkt dienen die Öffentlichkeitsvorschriften z. B. bei Gerichtsverfahren der Würdewahrung. Unter anderem Gesichtspunkt kann die Publikumsöffentlichkeit des Strafverfahrens die Würde des Angeklagten z. B. bei Sittlichkeitsdelikten gefährden, wenn dieser sich zur Sachverhaltsaufklärung im einzelnen äußern soll. Auch wenn eine lokale Öffentlichkeit Lynchjustiz fordert, muß die Würde des Betroffenen gegen die Öffentlichkeit und nicht durch sie gewahrt werden. Die Würdenorm betrifft daher alle Kommunikationspartner.

Der würdewahrende Effekt der Herstellung von Öffentlichkeit liegt in der sozialen Kontrolle, die sie als Kontaktsystem ausübt. Es ist bezeichnend, daß die Deportation und Ausrottung von Juden im Dritten Reich sich stets heimlich und getarnt vollzog, vermutlich in der berechtigten Befürchtung, das Gewissen der Nation würde eher den Bedrängten als den Bedrängern zur Seite treten. Hier zeigt sich, wie wenig die isolierte Eigenverantwortung der durch ausrottende Verwaltung Betroffenen ausrichten konnte. Einzelne Fremdverantwortung seitens derer, die von der Judenvernichtung wußten, hat zu abenteuerlichen und heroischen Einzelrettungen geführt, zeigt aber, daß

---

[13] *Münch*, F.: Die Menschenwürde als Grundforderung, 1951, S. 8.
[14] *Luhmann*, N.: Grundrechte als Institution, S. 68, Fn. 43.
[15] *Skinner*, B. F.: Jenseits von Freiheit und Würde, 1971, Deutsche Übersetzung 1973, S. 65.

nur kollektive Fremdverantwortung Würde effizient schützen kann. Einzelfremdverantwortung als heroische Zumutung gefährdet die eigene Selbstdarstellung und Handlungsfähigkeit.

Eine Technik der Würdeverletzung besteht darin, die Solidarisierung der Öffentlichkeit mit den Verletzten und Mißachteten zu unterbinden. Der Zugang zur Öffentlichkeit mittels der Presse ist eine wichtige selbst- wie fremdverantwortliche Würdewahrungschance.

Öffentlichkeit ist eine Bezugsinstanz, vor der sich Kommunikationen verantworten müssen.

Der Würdewahrung durch Öffentlichkeit steht nur eine gewisse Bandbreite zu. Die Grenze liegt einerseits beim psychischen Reservat des einzelnen, das einen Freiraum der Einsamkeit braucht, in dem das Ich sein Selbst inszeniert, andererseits bei der Herrschaftskontrolle, wo der Mächtige wissen muß, daß seine Entscheidung öffentliche Reaktion provoziert.

7. Skinner: Jenseits von Freiheit und Würde

B. F. Skinner ist Experimentalpsychologe und Vertreter einer Verhaltenstechnologie, die auf Konditionierung beruht. Zur Frage der intra- oder extrapersonalen Konstitution von Würde füge ich an dieser Stelle einige Zitate des Skinnerschen Würdekonzepts ein.

„Das, was wir als die Literatur über die menschliche Würde bezeichnen dürfen, befaßt sich damit, wie gebührende Anerkennung erhalten werden kann[15]." „Wir erkennen den Wert oder die Würde einer Person, wenn wir ihr für das, was sie getan hat, Anerkennung zollen. Das Ausmaß dieser Anerkennung steht im umgekehrten Verhältnis zur Erkennbarkeit der Gründe für ihr Verhalten. Wenn wir nicht wissen, warum eine Person so und nicht anders handelt, schreiben wir ihr und niemandem sonst dieses Verhalten zu[16]." „Jede Evidenz dafür, daß das Verhalten einer Person äußeren Umständen zugeschrieben werden kann, scheint ihre Würde oder ihren Wert in Frage zu stellen. Wir sind nicht geneigt, jemandem Leistungen anzurechnen, die faktisch auf Kräfte zurückzuführen sind, über welche er keine Kontrolle hat[17]." „Großzügige Anerkennung zollen wir jedoch, wenn es keine sichtbaren Gründe für das Verhalten gibt[18]." „Wir bestätigen die merkwürdige Beziehung zwischen Anerkennung und der Unauffälligkeit von kontrollierenden Bedingungen, wenn wir eine Kontrolle verheimlichen, um einen Verlust an Lob zu vermeiden oder um Lob zu beanspruchen, das uns eigentlich nicht zusteht. Der General versucht sein Bestes, um

---
[16] Ebd., S. 64 f.
[17] Ebd., S. 50.
[18] Ebd., S. 52.

seine Würde zu wahren, wenn er in einem Jeep über holpriges Gelände fährt, und der Flötenspieler fährt fort zu spielen, auch wenn ihm eine Fliege übers Gesicht krabbelt[19]."

Wir brechen hier ab, weil die experimentalpsychologische Deutung der Würde zu Trivialitäten führt, die von der Würdenorm schwerlich gemeint sein können.

Das Beispiel lehrt jedoch, daß die Experimentalpsychologie kaum über einen wesentlichen Informationsvorsprung im Würdeverständnis verfügt. Daß Würde einerseits lobwürdige Selbstkontrolle, andererseits Anerkennung von außen ist, entnahmen wir schon vergleichend theoretischer Konzeptanalyse.

Allenfalls interessiert noch dieser sprachliche Zusammenhang: „Das Verhalten eines Menschen würdigen, heißt es mit einer Würde ausstatten. ‚Wertschätzung‘ und ‚Respekt‘ sind verwandte Begriffe. Wir würdigen Verhalten in dem Sinne, daß wir die Angemessenheit einer Verstärkung zu schätzen wissen. Wir respektieren einfach auf Grund dessen, was wir bemerken. So würdigen wir einen würdigen Gegner in dem Sinn, daß wir uns angesichts seiner Kraft achtsam verhalten[20]."

Daraus erhellt, daß die Experimentalpsychologie Würde rein kognitiv-kausal, nicht normativ-kontrafaktisch konzipiert.

8. Würde und Ehre

Der Vorstellung der Eigenverantwortung ist das Innewohnen von Eigenschaften in Personen assoziiert. Zweifel daran hat bereits Aristoteles[21]? „Denn die Ehre liegt wohl eher in dem Ehrenden als in dem Geehrten, von einem Gut aber nehmen wir an, daß es dem Menschen eigen ist und nicht leicht verloren gehen kann. Ferner scheint man die Ehre zu suchen, um sich selbst zu überzeugen, daß man gut sei: man wünscht ja geehrt zu werden durch die Verständigen und durch jene, die einen kennen, und zwar wegen seiner Vortrefflichkeit. So ist eigentlich die Vortrefflichkeit das höhere Ziel[21]."

Ein Beispiel für die Auffassung von Ehre als eigenverantwortet innewohnende gibt Bismarck[22]: „Meine Ehre steht in niemandes Hand als in meiner eigenen, und man kann mich damit nicht überhäufen; die eigene, die ich in meinem Herzen trage, genügt mir vollständig, und niemand ist Richter darüber und kann entscheiden, ob ich sie habe[22]."

---

[19] Ebd., S. 54 f.
[20] Ebd., S. 58.
[21] *Aristoteles*, Nic. Eth. I, 3, 1095 b, 23 - 30.
[22] *Bismarck*, O. v.: Rede im Reichstag am 28. Nov. 1881.

8. Würde und Ehre

In schöner Klarheit sagt dagegen Schopenhauer[23]: „Die Ehre ist, objektiv, die Meinung anderer von unserem Wert und subjektiv unsere Furcht vor dieser Meinung." Nicht zu bestreiten sei, „daß zu unserem Fortkommen und Bestehen unter Menschen die Ehre, d. h. die Meinung derselben von uns, oft unumgänglich nötig ist". „Einmal verletzt oder vorderhand verloren wird die Ehre wiederhergestellt durch ein einziges Universalmittel, das Duell[23]."

Das Duell als eigenverantwortliche Ehrrestitution steht dem Faustrecht zu nah, um rechtlich erwünscht zu sein. Es ist ersetzt durch fremdverantwortlich strafrechtlichen Ehrenschutz, durch Beiziehung gerichtlicher Öffentlichkeit also, in der die Rechtsfolgen der Ehrverletzung ausgehandelt werden. — Als letztes Beispiel für die Abhängigkeit der Ehre vom Umwelturteil sei Thomas von Aquin zitiert[24]:

„Gloria autem est effectus honoris et laudis, quia ex hoc quod testificamur de bonitate alicuius, clarescit bonitas eius in notitia plurimorum[24]."

Die Umwelturteilabhängigkeit von Ehre besagt nichts gegen die Eigenverantwortbarkeit, sondern zielt nur darauf, die Möglichkeit, Äquivalenz oder gar Überlegenheit von Fremdverantwortung ins Bild zu rücken. Seitens des politischen und rechtlichen Teilsystems besteht kein Interesse, die Potenz von Eigenverantwortung zu verkürzen, im Gegenteil. Aber das Plädieren für die Eigenverantwortbarkeit von Würde läßt glauben, dem Recht seien im Hinblick auf Würde in erster Linie Enthaltungspflichten auferlegt. Das ist normzweckwidrig, wenn es so verstanden wird, das Recht brauche sich wegen der Kompetenz von Eigenverantwortung um Würde nicht zu kümmern. Die Enthaltungspflicht gilt nicht pauschal, sondern spezifisch für würdewidrige Kommunikationen: sie gilt zweigliedrig so, daß die Eigenverantwortung für die Würdegemäßheit der Kommunikation walten kann, hilfsweise jedoch Fremdverantwortung dafür bürgt, daß die Folgen würdewidriger Kommunikation deswegen suspendiert werden.

Ehrschutz ist viel leichter zu gewähren als Würdeschutz, denn Ehre wird streng kausal geachtet, proportional wie sie durch geschätzte Leistung und Eigenschaft begründet ist. Ehre gibt einen Achtungsanspruch im Sinne kausal angemessener Behandlung. Ehre verbietet Kundgabe dessen, was ehrwidrig unwahr ist. Ehre bezieht sich auf Tatsache und Wahrheit, Würde dagegen auf Überwindung ihres Defizits. Was Ehre als Besitzstand verteidigt, dazu muß Würde erst verholfen werden. Andererseits verhilft Würde zum Erwerb von Vertrauen. Das wird dialektisch so vermittelt: „Würde ist keine Eigenschaft von Per-

---

[23] *Schopenhauer*, A.: Aphorismen zur Lebensweisheit, 4. Kap.: Von dem, was einer vorstellt.
[24] *Thomas von Aquin*, S. theol. II-II, 103, 1 ad 3.

sonen, sondern von Kommunikationen zwischen Personen." Die Vermittlungsfähigkeit von Person und Kommunikation leistet ‚Selbstdarstellung' mit ihrem personalen und kommunikativen Doppelaspekt. Das Behauptete läßt sich an einem Beispiel fürs erste plausibel machen: Die Glaubwürdigkeit eines Zeugen bezieht sich weniger auf seine Person als auf seine Aussage. Abgelesen aber wird Glaubwürdigkeit an des Zeugen Selbstdarstellung. Die latente Würdebedrohung in Kommunikationen durch Kommunikationen macht es notwendig, die normative Würde nicht wie Ehre kausal zu achten — das ist eine keiner Norm bedürftige Selbstverständlichkeit —, sondern sie kontrafaktisch, umgekehrt proportional zu ihrem Vorhandensein zu achten. Je bedrohter Würde ist, um so mehr ist sie des Schutzes und der Achtung bedürftig.

9. Würde und Autorität

Wenn die Würde laut Art. 1 GG imstande ist, alle staatliche Gewalt auf ihre Achtung, ihren Schutz zu verpflichten, muß ihr nach dem Willen des Grundgesetzgebers eminente Autorität zukommen, Autorität in dem Sinn, daß sie eine Berücksichtigungspflicht begründet. Daß Würde Autorität rechtfertigt und Autorität ohne Würde schwerlich Bestand haben kann, ist klar. Beide lassen sich über Vertrauenswürdigkeit vermitteln. Fragt man nach der Funktion von Autorität, so liegt ihr Reiz in der Vorgabe von wahrscheinlich bewährten Entscheidungen. Die Bewährungswahrscheinlichkeit folgt aus erprobender Erfahrung, die zu Vertrauen Anlaß gab. Autorität vereinfacht die Entscheidungssituation des an die Autorität Glaubenden und entlastet sein Bewußtsein[25].

Die Kritik der Autorität muß in ihrem Reiz ihr Risiko erkennen: In der Autoritätsgläubigkeit mag das eigene Verschulden für Unmündigkeit liegen, und Kant würde sagen, der Mensch möge an die Autorität nur solcher Entscheidungsprämissen glauben, die er mit eigener Vernunft geprüft hat. So ist dann auch Vernunft gegen Autorität angesetzt worden. Gregor der Große: „Die heilige Kirche stellt in ihrer Lehre keine Forderungen auf Grund von Autorität, sondern überzeugt durch Vernunft[26]." Der Stellenwert von Autorität ist der Streitpunkt zwischen Rationalismus und Traditionalismus. Horkheimer[27] kritisiert die Irrationalität der Unangreifbarkeit, die Autorität für sich in Anspruch nimmt, und erweist ihre Bedingtheit durch die Projektionen gesellschaftlichen Seins.

---
[25] *Luhmann*, N.: Funktion und Kausalität, in: Soziologische Aufklärung, 1970, S. 22 f.
[26] Moralia VIII, 3.
[27] *Horkheimer*, M.: Studien über Autorität und **Familie**, 1936.

9. Würde und Autorität

In neuerer Zeit wird konstruktiv versucht, die Verträglichkeit von Vernunft und Autorität besser zu vermitteln, indem man sie als einsichtige Gefolgschaft[28] konzipiert, gegründet auf Vertrauen, das auf Kritik nicht verzichtet. So gesehen impliziert Autorität ein Partnerschaftsverhältnis, für dessen Schicksal alles davon abhängt, daß das Vertrauen in die Autorität sich nicht als Aberglauben disqualifiziert. Autorität steht unter dem Druck des Autonomiebegriffs, denn Autorität ist Fremdbestimmung des Denkens und Handelns statt geforderter Selbstbestimmung aus unabhängiger Vernunft. Politisch ist der Autoritätsbegriff so genutzt worden, daß etwa Vierkandt[29] daraus einen Unterordnungstrieb ableitete, den Willen der Untergebenen zur Identifikation mit der Autorität des Führers. Gadamer[30] findet das rationale Element der Autorität in der Erkenntnis der eigenen Subalternität, ähnlich der Vorstellung des Thomas von Aquin[31], der meinte, in der Autorität zeige sich die natürliche Superiorität einiger Menschen über andere. — Die coincidentia oppositorum ist nicht zu erreichen, wenn man Autorität am Menschen festmacht. Wieder bietet sich als Ausweg ein Umdenken an, Autorität von Personen zu abstrahieren und auf Kommunikationen zu beziehen. Kommunikationen unterscheiden sich nach ihrer Tragfähigkeit, die entweder unter Beweis zu stellen ist oder mangels Beweises von der Autorität ihrer Begründung abhängt. Wir konzipieren Autorität rational als Beweissurrogat, rational, indem bestritten wird, daß Autorität tendenziell auf Begründung verzichtet und sich als legitimierte Begründungslosigkeit versteht, als Beweissurrogat, indem behauptet wird, daß Autorität eine Strategie der Überwindung von Beweisnot ist. Autorität springt in die Beweislücke, um das demonstrandum sachverständig glaubhaft zu machen und an Beweisesstatt annehmbar zu machen[32].

Autorität beinhaltet einen Bindungsanspruch an die Freiheit der Individuen und ähnelt damit funktional der Würde, die als folgenberücksichtigende Auflage des Freiheitsgebrauchs vorgestellt wurde. Kommunikative Würde und Autorität fungieren im Hinblick auf die Zustimmung, die sie bei Dritten auslösen. Die Nichtachtung von Würde und Autorität führt zur Ablehnung und Isolation des Nichtachtenden. Langfristig wirkt dieser Mechanismus auch gegen den, der meint, Macht genug zu haben, um sich Nichtachtung leisten zu können. Wer Würde

---

[28] *Heyl*, C. A. v.: Artikel „Autorität", in: Karrenberg, F. (Hrsg.): Evangelisches Soziallexikon, 1963.
[29] *Vierkandt*, A.: Gesellschaftslehre, 1928, S. 37.
[30] *Gadamer*, H.-G.: Wahrheit und Methode, 1965, S. 264.
[31] Vgl. *Faller*, F.: Die rechtsphilosophische Begründung der Autorität bei Thomas von Aquin, 1954.
[32] Vgl. *Friedrich*, C. J.: Politische Autorität und Demokratie, in: Zeitschrift für Politik, NF 7 (1960), S. 1 - 12, sowie ders.: Tradition und Autorität, 1974, S. 61 und öfter.

und Autorität nicht achtet, verspielt die eigene Würde und Autorität, damit die Chance, Vertrauen und Gehorsam zu finden.

Darin liegt ein Hinweis auf die Gegenseitigkeit im Aufbau von Würde und Autorität.

10. Würde des Menschen — Würde des Staates

Der Gedanke, daß auch der Staat der Würde fähig und bedürftig sei, trifft auf wenig Widerstand. So wird er, wenn auch vereinzelt, in der Literatur vertreten[33]. Partsch interessiert weniger die begriffsgeschichtliche Vermittlungsfähigkeit von Würde[34], als die in der Wirklichkeit anzutreffende Analogie von menschlicher und staatlicher Würde. Mit Vorbehalt wird ein betagtes Zitat von Rechtswürde wiedergegeben[35], „die der Staat sich selbst oder seinen Organen dergestalt beilegt, daß diesen ohne jede Rücksicht auf ihre individuelle Ehrenhaftigkeit oder Würdigkeit Ehrerbietung geschuldet wird". Hier wird Rechtswürde irrational autoritativ beliebig gegen die Würdenorm Art. 1 GG angesetzt. Lehrreich ist daran nur, daß staatlich legale Organisationsgewalt und Wahrung der Menschenwürde durch Übergeneralisierung des Gehorsamsanspruchs widersprüchlich werden können.

Partsch stellt für die Würde des Staates auf Selbstdarstellung ab: „Auch sonst verzichtet unser Staatswesen nicht auf die Selbstdarstellung und damit darauf, seine Würde erkennbar zu machen. Im Grundgesetz ist als einzige Form der Selbstdarstellung die Flagge Schwarz-Rot-Gold erwähnt[36]." Gleichwohl kann nicht der Fahne Würde zu- oder abgesprochen werden. „Der Ausdruck ‚Würde' bezeichnet eine menschliche Eigenschaft, nur in einem sehr übertragenen Sinne kann diese einem anderen Gegenstand beigelegt werden. Würdelos kann ein menschliches Verhalten sein, ebenso auch der Mensch, der ein solches Verhalten an den Tag legt. Eine Fahne, eine Flagge als würdelos zu bezeichnen, entspricht dagegen nicht dem Sprachgebrauch[37]."

Partsch geht im folgenden exemplarisch konkret vor, weist auf die Aufgabe des Bundespräsidenten hin, Würde und Autorität des Staates zu wahren[38], auf den Schutz der Würde des Staates im politischen

---
[33] *Partsch*, K. J.: Von der Würde des Staates, 1967.
[34] Immerhin ebd., S. 8 ff.
[35] Leipziger Kommentar zum StGB, 8. Aufl., 2. Bd., 1958, S. 134.
[36] *Partsch*, S. 22.
[37] Unveröffentlichtes Urteil des BGH vom 16. 1. 62 (1 StR 532/61). Zitiert nach *Partsch*, K. J., S. 9 Fn. 5.
[38] *Partsch*, S. 29.

Strafrecht[39], auf die Bedeutung der Würde des Staates im modernen Staatsverkehr[40].

Dem ist durchaus zuzustimmen, aber es fehlt die klare Nennung der Analogiebasis.

Diese zeigt sich, wenn man Würde auf Kommunikationen bezieht und den Staat als zwischen- und innerstaatlichen Kommunikationspartner ansieht.

Kommunikation ist der soziale Prozeß der Konstitution von Sinn in zwischenmenschlichem Kontakt, ohne welchen weder Persönlichkeiten noch Sozialsysteme denkbar sind[41]. Der Staat als politisches System besteht aus Kommunikationsprozessen, die seinen Bestand nur dann gewährleisten, wenn die Kommunikationen auf Resonanz und Zustimmung stoßen.

Die Würde des Staates ist seine Selbstdarstellung, die dem Bürger zeigt, was von diesem Staatswesen zu halten und zu erwarten ist. Selbstdarstellung ist nötig, weil ohne sie Teilhabe an fremdem Bewußtseinsleben nicht stattfindet. Selbstdarstellungen müssen sich, um sinnstiftende Resonanz zu finden, im Rahmen zivilisierter Erwartbarkeit halten. Tintenfaßschlachten im Reichstag sind eine Selbstdarstellung des Staates, durch die er die Konsensbasis für seinen Bestand destruiert. Ein Präsident, der wider besseres Wissen seine Unschuld und Ehrenhaftigkeit lügt, untergräbt das Vertrauen in die Integrität der Administration und nährt das Vorurteil der Bürger gegen Politik als schmutziges Geschäft.

Eine Staatsregierung, die in der Bevölkerung eine Angstlücke entstehen läßt und nicht zu schließen weiß, wird vom Wähler demnächst nicht für würdig gehalten werden, auch die neue Regierung zu bilden.

Kommunikation ist gemeinsame Aktualisierung von Sinn[42]. Will der Staat seine Aufgaben erfüllen, braucht er die Bürger komplementär in Korrespondenzrollen, in denen die Bürger als Partner anders, aber sinnbezüglich handeln. Deshalb liegt es gar nicht im staatlichen Interesse, würdebedrohlich lupenreinen Normgehorsam zu fordern, sondern den Bürger zu einer Selbstdarstellung zu motivieren, die seine Würde vermittelt und dem Gemeinwesen nützt. Menschliche Würde muß nicht notwendig gegen den Staat angesetzt werden, sondern betrifft aus der Sicht der Würdenorm den Kommunikationsstil zwischen Staat und Bürger.

---

[39] *Partsch*, S. 26 f.
[40] *Partsch*, S. 12 ff.
[41] *Luhmann*, N.: Grundrechte als Institution, S. 25.
[42] *Luhmann*, N.: Moderne Systemtheorien als Form gesamtgesellschaftlicher Analyse, in: Theorie der Gesellschaft ..., S. 42.

11. Gemeinsam aktualisierbarer Sinn der Würde-Norm

Grundrechte werden so gedacht, daß die Verfassung dem Bürger Schutz vor dem Staat gewährt. Die Implikationen dieses Denkmodells sind möglicherweise zu undifferenziert, denn man geht davon aus, daß der Bürger schutzbedürftig schwach ist und der Staat in seinen Kommunikationen bedrohlich zur Vergewaltigung neigt und der Staat deshalb grundrechtlich grundsätzlich zu Unterlassungen anzuhalten ist. Auf diesem Grundrechtsverständnis basierte Dürigs Votum[43]:

„Dieser Wertanspruch ist begrifflich zunächst reiner Unterlassungsanspruch und geht auf ‚Nichtantasten‘, also auf ‚Achten‘ der Menschenwürde. Das positive Tun des Schützens ist abwehrende Staatstätigkeit und nicht positive Gestaltung."

Denkt man Würde als Eigenschaft von Kommunikationen, wird die Würdenorm bei solchen Kommunikationen relevant, denen Würde abzugehen droht. Zur Mehrung von Kommunikationswürde ist ein Zusammenwirken der Partner geboten, bei dem die Unterscheidung von positivem Tun und negativem Unterlassen sinnlos wird, weil beide in ihrer Funktion der Würdewahrung untrennbar äquivalent sind. Würdewahrung bezieht sich nicht auf ein gesichertes Vorhandenes, sondern auf ein bedrohlich Fehlendes, das der Achtung und des Schutzes stets und nur dann bedarf, wenn sein Defizientwerden zivilisierte Erwartung unterschreitet. Würde betrifft das gemeinsame Erleben eines Kommunikationsschicksals, von dem man weiß, daß sein Scheitern allen Beteiligten schadet. Wenn das richtig ist und man davon ausgeht, daß die Würdenorm zugunsten des Bürgers zu Lasten des Staates erlassen ist, wäre es gleichwohl ohne Not nicht sinnvoll, die Würdenorm in unterscheidendem Sinn auszulegen, der dem Bürger günstig und dem Staate lästig ist. Sinn impliziert gemeinsame Bestimmbarkeit, koinzidierendes Erleben. Der Staat ist es, der die Norm anwendet und ihre Wirksamkeit verantwortet. Er wird sie effektiver anwenden, wenn er sich nicht nur zähneknirschend gegen eigenes Interesse in die Pflicht genommen sieht, sondern bemerkt, wie gut und nützlich es sich auch für ihn auswirkt, kommunizierend Würde zu wahren. Es wäre zuviel gesagt, daß Staatsdiener aus gesellschaftlicher Verantwortlichkeit Würde selbständig wahren. Zwar urteilen Richter im Namen des Volkes, § 268 Abs. 1 StPO, faktisch aber sind sie richterliche Beamte, die Loyalitätskonflikte selten gegen den Staat lösen. — Soll der Bürger, der durch staatlich würdewidrige Kommunikation sich in seinen Rechten verletzt fühlt, den gleichen Staat gegen den verletzenden um Hilfe angehen? Das ist nicht aussichtslos, stimmt aber skeptisch, weil der Verletzte sich vielleicht muß sagen lassen, er habe seine Selbstdarstellung nicht zumutbar

---

[43] *Dürig*, G.: Grundgesetzkommentar zu Art. 1 GG, Rdnr. 2, 3.

wehrhaft selbst verantwortet[44]. In anderen Fällen mag zweifelhaft sein, ob die Würdewidrigkeit einer Kommunikation ihre Rechtswidrigkeit automatisch begründet und ob eine hoheitliche Entscheidung, bei der eine würdewidrige Kommunikation unterlief, auf dieser Kommunikation beruht.

Unsicherheit herrscht über eine praktikable Würdeverletzungsformel, die Kriterien für das Überschreiten der Erträglichkeitsschwelle liefert.

Ich bilde ein Beispiel für eine staatliche würdeverletzende Kommunikation:

Art. 4 Abs. 3 GG sagt: „Niemand darf gegen sein Gewissen zum Kriegsdienst mit der Waffe gezwungen werden. Das Nähere regelt ein Bundesgesetz." In §§ 25 - 27 des Wehrpflichtgesetzes: Über die Berechtigung, den Kriegsdienst mit der Waffe zu verweigern, entscheiden auf Antrag Prüfungsausschüsse. Dort oder schließlich vor dem Verwaltungsgericht werden Fragen gestellt, die geeignet sein sollen festzustellen, ob bei der Entscheidungsbildung des Kriegsdienstverweigerers das Gewissen den Auschlag gibt oder nur vorgeschützt wird. Es werden also Situationen hypothetisch gesetzt, zu deren Bewältigung ein Gewissenskonflikt gelöst werden muß. Zum Beispiel wird gefragt: „Was tun Sie, o Waffendienstverweigerer, wenn ein feindlicher Soldat Ihre Frau vergewaltigt?" Der Befragte hat nun zwei Möglichkeiten: Entweder antwortend seine Frau hypothetisch zu verraten und damit die Verachtung des Publikums auf sich zu ziehen, oder eine Antwort zu geben, von der er fürchtet, sie könnte seine Anerkennung als Verweigerer aus Gewissensgründen ausschließen.

Solche Fragen verletzen die Würde des Menschen. Sie setzen ihn in die Lage, zwischen zwei Übeln zu wählen und die implizierten Folgen für die Selbstdarstellung selbst zu tragen. Es ist schwer zu sehen, wie Gewissensprüfungen ohne Würdeverletzungen möglich sind, denn Gewissenskonflikte wären keine, wenn sie eleganter und einleuchtender Selbstdarstellung zugänglich wären. Der sicherste Würdeschutz besteht darin, von vornherein keine Kommunikationsprozesse zu normieren, die notwendig würdeverletzend sind, sondern präventiv Alternativen bereitzustellen, die die Entstehung des Gewissenskonflikts verhindern. — Solange das positive Recht diese Steuerung nicht vorzieht, muß es möglich sein, würdewidrige Kommunikationen mattzusetzen. Die Nachträglichkeit von Rechtsschutz, die das Ganze disqualifiziert, ist wohl unpraktisch. Denkbar wäre, den kommunikativen Fehler durch Hinweis sofort zu brandmarken und die Legitimation des Gesamtverfahrens von der Auswechselung des fehlerhaften Teilstücks abhängig zu machen. — Ich versuche, ein vorläufiges Facit zu ziehen und

---

44 BVerwGE 24, 264. Verzicht auf Rechtsbehelf — Schutzverwirkung.

Kriterien der Würdeverletzung zu nennen: „Eine Würdeverletzung durch die staatliche Gewalt liegt vor, wenn würdewidrige Kommunikation eine verfahrensverstrickte Person in ihrem Recht auf unbeeinträchtigte Selbstdarstellung verletzt und dem Verletzten Würdeeigenverantwortung unverfügbar ist." Wann ist Kommunikation als würdewidrig zu qualifizieren? „Eine Kommunikation ist würdewidrig, wenn sie geeignet ist, die Würdelosigkeit der Kommunikation dem staatlichen Kommunikationspartner als Fehler (nicht als Verschulden!) zuzurechnen."

Funktion der Würdenorm ist es, die Zivilisiertheit des Kommunikationsstils sicherzustellen und würdelose Kommunikationen in ihrer Relevanz, nicht aber den Partner pauschal zu disqualifizieren.

Nun handelt die Würdenorm Art. 1 GG nur von der Würde des Menschen, die von staatlicher Gewalt geachtet und geschützt werden soll, nicht aber von Achtung und Schutz staatlicher Würde. Betrachtet man Würde als Eigenschaft von Kommunikationen, entfällt die Teilbarkeit der Würde in menschliche und staatliche, weil in beiden Fällen der verstehbare Sinn menschlicher Kommunikation betroffen ist. Antwort sucht vielmehr die Frage, wo die Würdeförderungskompetenz liegt.

Kommunikationen sind situationsbezogen. Wenn Sinn gemeinsam aktualisiert wird, bedeutet ‚gemeinsam' nicht automatisch chancengleich. Vielmehr kann gehobener Status ein erhöhtes Sinndurchsetzungsvermögen bedeuten, Kommunikationsherrschaft in dem Sinn, daß der Statushöhere kraft kommunikativer Kompetenz die Situation definiert und der Statusniedere, abgesehen von Informationskontrolle, wesentlich auf eine Anpassungsrolle festgelegt wird. Herrschaftsfreiheit für eine schlichte Selbstverständlichkeit des Denkens[45] zu halten bedeutet doch wohl eine Realitätsverkennung und diskreditiert die Bemühung um Freistellung des Dialogs von Herrschaft[46]. Die Kommunikationsherrschaft übt regelmäßig der Verfahrensveranstalter aus. Ihre Bedeutung liegt darin, daß dem Verfahrensverstrickten eine Rolle aufgedrängt und zugemutet wird, in der er ungeübt, fremd, benachteiligt ist. — Die Versicherung, der im Strafverfahren Angeklagte sei Verfahrenssubjekt, ist eine Beschönigung faktischer Kommunikationsherrschaft und ihre Bändigung nur in nuce. Der Ausbau der Subjektstellung zur Chancengleichheit ist Aufgabe des Strafverteidigers, des Selbstdarstellungsgehilfen für schwierige Kommunikation.

---
[45] *Luhmann*, N., in: Habermas-Luhmann: Theorie der Gesellschaft oder Sozialtechnologie, 1971, S. 401.
[46] Vgl. *Schulz*, W.: Philosophie in der veränderten Welt, 1972, S. 189.

Kommunikationsherrschaft wirkt sich so aus, daß die Auswahl beweisrelevanter Information bei dem liegt, der die Situation definiert. Im Demonstrationsrecht unterscheiden sich Richter, ob sie den Demonstranten mit politischen Motiven hören oder solche Einlassung als rechtlich irrelevant nicht zulassen. Durch das nur einbahnige Fragerecht schafft der Kommunikationsherrscher eine reciprocity imbalance (Gouldner), die dazu führt, daß die Selbstdarstellung des Verstrickten passiviert wird. Die Kontrolle über Ausdruck und Eindruck übernimmt der Steuermann des Verfahrens. Das bedeutet normativ: Die Verantwortung der Kommunikationswürde ist vorzüglich von dem zu leisten, der die Kommunikationsherrschaft ausübt.

Ein Indiz für diese Kompetenz liegt in der Verfügungsmacht über Darstellungsrequisiten (Robe, Sitzerhöhung, Gesetzkenntnis), die den Mächtigen verpflichtet, davon nur in bestimmter Weise Gebrauch zu machen. So gesehen lautet die Würdenorm: Herrschaft verpflichtet. Ihre Ausübung erhält kein gutes Zeugnis, gemessen an der Verbreitung eines negativ stereotypisierten Bildes des Juristen und des Richters in der Öffentlichkeit. Luhmann hält diesen Sachverhalt für relativ unschädlich und insofern für sinnvoll, als unvermeidbare Enttäuschung dadurch in die Endform eines diffus verbreiteten privaten Ressentiments gebracht wird[47]. Vielleicht überschätzt diese Auffassung die Systemstabilität. Würdemißachtung durch taktlose Herrschaftsausübung kostet Systemvertrauen. Eine Justiz, die den Mangel ihrer Liebenswürdigkeit als Systemeigenschaft voraussetzt, macht sich verhaßt und arbeitet ihrer Boykottierung vor. „Der Staat ist um des Menschen willen da, nicht der Mensch um des Staates willen" (Art. 1 Chiemsee-Entwurf).

12. Scheinbare und mißverstandene Kommunikationswürde

Nachfolgend zitiere ich auszugsweise einen Aufsatz von Rottleuthner[48], der aufweist, daß Kommunikationsherrschaft einen gewissen Verhandlungsstil als kommunikative Würde ausgibt, wobei die Würde des Verfahrensunterworfenen und seine Kommunikationschance benachteiligt werden.

„Solange aber im Prozeß der Richter die Interpretationsherrschaft ausübt — er bestimmt, was ‚zur Sache' gehört —, solange er auf Fragen des Angeklagten nicht einzugehen braucht — wenn der es in seiner Unterwürfigkeit überhaupt wagt —, solange er darüber bestimmt, was ‚Ungebühr' ist (§ 178 GVG ist eben anwendbar, wenn sich der Be-

---
[47] *Luhmann*, N.: Legitimation durch Verfahren, S. 112.
[48] *Rottleuthner*, H.: Klassenjustiz?, in: Sonnemann, U. (Hrsg.), Wie frei ist unsere Justiz?, 1969, S. 48 - 79, 54.

troffene ‚ungebührlich' benommen hat), solange er ohne Begründungszwang sitzungspolizeiliche Maßnahmen ergreifen kann ..., ist ein herrschaftsfreier Dialog und damit eine rationale Urteilsfindung nicht gewährleistet. Richter können sich, ohne aus ihrer Rolle zu fallen, jeder Diskussion mit den Beteiligten entziehen. Sie sind die inquisitorischen und zugleich stummen Türhüter der Plausibilität. Die vielbeschworene ‚judiziäre Sachlichkeit' hätte sich in der Rationalität von Argumenten zu zeigen, nicht in der Regungslosigkeit der Beteiligten, die bis zum Zynismus geht, wenn voller Gleichgültigkeit Freiheitsstrafen beantragt oder verkündet werden. Zudem verraten sich autoritäre Verhaltensweisen in Reflexionsverdrossenheit und Argumentationsdefizit. Der Richter erlaubt keine Fragen, die seine Äußerungen selbst befragen: er beläßt seinen Horizont im Unproblematischen, Unbewußten. Seine reduzierte Selbstdarstellung erweckt den Schein von Unparteilichkeit; sie verhindert aber für die Beteiligten und für ihn selbst eine Kontrolle der Urteilsbildung. Die ritualisierte Unterbindung von Meta-Kommunikation, also der Verständigung über das, was sich vollzieht, vereint das gerichtliche Drama mit anderen pathologischen Interaktionen, etwa solchen von Schizophrenen. Das forensische Sprachspiel hat die Form der Kommunikation mit einem Orakel. Auch eine noch so gelockerte Atmosphäre hebt die einseitige Kommunikationsrichtung nicht auf ... Wir werden unten sehen, daß die Notwendigkeit dieser Kommunikationsstruktur ganz andere Gründe hat als die der ‚Würde des Gerichts', die noch zur ‚Würde des Rechts' aufgespreizt wird."

Wir wollen das Zitat weder inhaltlich bestreiten noch bestätigen, sondern mit anderer Auffassung vergleichen und eine normativ eigene bilden. — Luhmann schreibt: „Ein Verfahren ist zwar im allgemeinen nicht motivkräftig genug, um den unterliegenden Entscheidungsempfängern eine Anerkennung oder gar eine Selbständerung abzugewinnen, aber es bringt sie jedenfalls zu einem: zu unbezahlter zeremonieller Arbeit[49]." Rottleuthners ‚Kommunikation mit einem Orakel' und Luhmanns ‚zeremonielle Arbeit' verweisen auf einen Entzauberungsbedarf gerichtlicher Verfahren.

Die Würdenorm mit ihrer Direktweisung an alle staatliche Gewalt intendiert die Aufhebung der Einseitigkeit der Kommunikationsrichtung im Verfahren. Normativ sind Verfahren interpersonelle Rituale mit dialogischem Charakter. Ritual meint eine konventionalisierte Austauschhandlung, bei der die Beteiligten Respekt und Ehrerbietung vor einem tertium comparationis mitdarstellen[50]. Konventionalisierung bezieht sich auf ein adaptives Verhaltensmuster, um

---
[49] *Luhmann*, N.: Legitimation durch Verfahren, S. 114.
[50] Vgl. *Goffman*, E.: Das Individuum im öffentlichen Austausch, S. 97 ff.

dessen Preis eine Entscheidung zu haben ist. — Verfahrensnormen, die Kommunikationen steuern sollen, ritualisieren sie. Durkheim[51] unterscheidet bekanntlich negative und positive Rituale. Die negativen betreffen Verbote, Vermeidungen und schützen die lokalen und psychischen Reservate des Selbst[52]. Positive Rituale bezeugen Ehrerbietung auch dann, wenn es notwendig wird, in ein Selbstreservat z. B. strafend einzugreifen. Die unangemessene Ausführung positiver Rituale stellt eine Mißachtung, die negativer Rituale eine Verletzung dar.

Von daher wird es naheliegend, die Funktion der Würdenorm in einem Sockelbetrag bestätigenden Austauschs zu sehen. Normative Würde schließt es demnach aus, daß analog der Satisfaktionsfähigkeit einem Verfahrensverstrickten die Kommunikationsfähigkeit abgesprochen wird. Ein positiver Ritus wäre es, dem Bestraften glaublich zu machen: „Du bist einer von uns" und ihm im Verfahren und in der Strafe beizustehen.

Diese Vorstellung beruht auf dem Austauschgedanken, daß Leistung eine Gegenleistung hervorruft. Justizverfahren können Fairneß als Leistung bieten und als Gegenleistung Abnahme der Entscheidung fordern, wenn an der Fairneß kein Zweifel besteht. Gegen faire Entscheidungen läßt sich schwer Widerstand mobilisieren. Kommunikationsherrschaft ist würdebedrohlich insoweit, als sie die Fairneßbandbreite überschreitet. Würde als Eigenschaft von Kommunikationen heißt Fairneß. Die Würdenorm als Verfahrensgrundnorm muß Fairneß garantieren.

13. Verhaltenslastverteilung bei Legitimation durch Verfahren

Würdewahrung kann thematisiert werden im Rahmen der Legitimation durch Verfahren[53]. Verfahren wird in diesem Zusammenhang begriffen als Sinnverbundenheit faktischen Handelns, Legitimation als Übernahme bindender Entscheidungen in die eigene Entscheidungsstruktur[54].

Legitimation durch Verfahren funktioniert so, daß im Zeremoniell des Verfahrens Gelegenheit zu Protest und Kritik an Verfahrensweisen besteht, danach aber Kritik abgeschnitten wird, um den Zugang zur Entscheidung zu garantieren[55]. Nicht der Betroffene wird

---

[51] *Durkheim*, E.: Elementary Forms of Religious Life.
[52] Vgl. *Goffman*, E.: Das Individuum im öffentl. Austausch, S. 97.
[53] *Luhmann*, N.: Legitimation durch Verfahren, 1969. Kritisch dazu *Zippelius*, R.: Legitimation durch Verfahren?, Festschrift für Larenz, 1972, S. 293 - 304.
[54] *Luhmann*, N.: LdV, S. 7 f.
[55] Ebd., S. 129.

durch Verfahren innerlich gebunden, sondern er wird als Problemquelle isoliert und die Sozialordnung von seiner Zustimmung oder Ablehnung unabhängig gestellt[56]. Wir stehen vor der Schwierigkeit, zu begründen, warum Kommunikationen als eigenschaftsfähig angesehen werden und Verfahren als eigenschaftslos. Denn Verfahren im Sinne Luhmanns sind nicht ‚fair' oder ‚würdewahrend', sondern sie sind ein Handlungssystem zur Erörterung von Konflikten, in dem ein Meinungsstreit unter Entscheidungszwang gestellt wird. Verfahren ist demnach ein Mechanismus, der Streit in Entscheidung überführt. Die Funktion des Verfahrens ist zu eindeutig und zu abstrakt, um an ihm Qualitätsforderungen und Perfektionsideen festzumachen. Verfahren bestehen aus Kommunikationen, die als Bestandteile wertbar, fehlbar, kritisierbar, ersetzbar sind. Protest und Kritik müssen sich auf das Einzeln-Konkrete richten, mit einem Proteststurm gegen das Verfahren als Ganzes wird der Angreifer nicht gehört, geht er ins Leere. Verfahren spezifiziert das Pauschale und macht einzelne Fehler operierbar. Verfahren muß eigenschaftslos sein, um unangreifbar zu sein. Verfahren gibt sich kommunikativ eine Angriffsfläche, prozedural nicht. Legitimation durch Verfahren funktioniert prozedural durch Bereitstellung eines Streitentscheidungsablaufmusters. Qualitative Legitimation findet eine Stufe tiefer statt, auf der Kommunikationsebene. —

Die Begriffe Gerechtigkeit und Würde ähneln sich darin, daß sie eine Perfektionsvorstellung enthalten, Gerechtigkeit bezüglich einer Streitentscheidung, Würde bezüglich einer Verhaltensauswahl. Ersetzt man dieses hierarchische Modell durch die Vorstellung einer legitimen Bandbreite, so läßt sich Gerechtigkeit definieren als adäquate Komplexität des Rechtssystems und Würde als adäquates Kontingent würdewahrender Selbstdarstellung[57]. So gesehen machen Gerechtigkeit und Würde einen Schritt von der Optimalität zur Vertretbarkeit, im wahrsten Sinne des Wortes: nicht das Einzig-perfekt Wahre wird gesucht, sondern eine legitime Möglichkeit, vertretbar durch eine andere. Das Suchen und Finden von Möglichkeiten ist Aufgabe aller Verfahrensbeteiligten. Das trifft für Würde wohl weitergehend zu als für Gerechtigkeit. Wir suchen nun eine Möglichkeit, die Obliegenheit der Würdewahrung nicht überwiegend beim Verfahrensverstrickten finden zu müssen.

Den Ansatz dafür fanden wir im Sachverhalt der Kommunikationsherrschaft, die sich äußert als Herrschaftswissen, Herrschaftssprache, allgemein als einseitig benachteiligende Verzerrung des grundsätzlich gemeinsamen Sinnzugangs zu Kommunikationen. Praktisch äußert sich

---
[56] *Luhmann*, S. 121.
[57] *Luhmann*, N.: Vgl. Gerechtigkeit in den Rechtssystemen der modernen Gesellschaft, S. 147.

13. Verhaltenslastverteilung bei Legitimation durch Verfahren 85

das darin, daß der in der Beweisaufnahme Befragte nicht weiß, worauf die Frage zielt, nicht weiß, worauf es ankommt, und sich, mit den Konsequenzen unbedachter Rede konfrontiert, ‚reingelegt' fühlt. Diese Erfahrung nimmt er zum Anlaß, die Kommunikation vor Gericht als unberechenbar würdebedrohlich in Erinnerung zu behalten und für die Zukunft als Zugangsbarriere zur Justiz zu verinnerlichen. Das ist die Würdebedrohung durch Herrschaftssprache.

Die Würderelevanz von Herrschaftswissen zeigt sich in der psychologischen Praxis graphologischer Gutachten[58] und anderen Eignungsuntersuchungen[59]. Diese Kommunikation verhindert gemeinsamen Sinnzugang, weil der Untersuchende sein Ergebnis als intersubjektiv oktroyiert und für die Selbstdarstellung des Untersuchten keinen Raum läßt. Die Darstellung des Selbst wird dem Ich abgenommen und dem Untersucher ausgeliefert, in dessen Hand es nun liegt, wieviel Vertrauen und Resonanz der Untersuchte wird finden können. Wir sehen hier ein klares Beispiel für die Fremdverantwortung von Würde. Auf diesem Hintergrund ist nun die Würdenorm zu verstehen. Versucht man, den Bezug der Würde auf Kommunikation und Personen zu verbinden, so läßt sich denken, daß die Würdenorm zugunsten des Beteiligten eingreift, der durch das entstehende Würdedefizit in der Kommunikation in größere Schwierigkeiten kommt. Das Berechtigungskriterium der Würdenorm liegt nicht im Wesen des Grundrechts, sondern in der Chancenungleichheit herrschaftsunterwerfender Verstrickung und Konsequenzbenachteiligung. Überlegene Würdekompetenz erhält daher eine Auflage der Schonung durch präventiv komplementäre Kompensation. Wird diese Auflage nicht erfüllt, sind zwei Sanktionstypen denkbar: Die würdeschädigende Kommunikation wird als fehlerhaft unzulässig rügbar und ist vor ihrer Nachbesserung ungeeignet, zur Entscheidungsfindung beizutragen.

Die Ausübung der Kommunikationsherrschaft ist aber auch staatliche Selbstdarstellung, die ein Interesse daran haben muß, das Vertrauen der Rechtsuchenden zu besitzen. Fehlt es daran, liegen Motive für einen ‚Marsch durch die Institutionen' auf der Hand, um Institutionen zu schaffen, die Vertrauen sich zu erwerben wissen.

Der Staat kann sich mit seinen Verfahren nicht sakrosankt setzen. Seine Selbstdarstellung bei der Ausübung von Kommunikationsherrschaft entscheidet darüber, ob sie zur Festigung seines Bestandes beiträgt oder ein Schritt auf dem Wege der Selbstzerstörung ist. Die

---
[58] *Schmid*, K.: Zur Zulässigkeit graphologischer Gutachten, in: NJW 1969, S. 1655 - 1657.
[59] Ders.: vgl. Betriebsberater 1968, S. 954 ff.; 1969, S. 631 ff.

Würdenorm weist staatliche Gewalt an, Kommunikationsherrschaft niemals würdeverletzend auszuüben. Wir untersuchen im einzelnen, welche positive Anweisung das impliziert.

14. Würdeförderung durch komplementäre Selbstdarstellung

Das Auffinden einer geeigneten Würdeverletzungsformel, sei sie noch so gut und viel besser als die von mir vorgeschlagene, kann immer nur einen Bruchteil des Einzugsbereichs, den die Würdenorm deckt, betreffen. Denn die Antworten des Rechts auf Würdeverletzungen sind nur bedingt geeignet, Würde zu rehabilitieren. Bei Verletzung des zivilrechtlichen Persönlichkeitsrechts wird von den Gerichten bekanntlich Schmerzensgeld zuerkannt. Inwiefern hilft das verletzter Würde? Nur mittelbar durch Zuwendung eines tröstenden Vorteils, der dem Verletzer zeigt, wie hoch der Tarif für Würdeverletzungen ist, und dem Verletzten allenfalls zur Mehrung seiner Selbstdarstellungsrequisiten verhilft. Die Verletzung von Würde ist kein Tatbestandsmerkmal der Würdenorm, das erfüllt sein muß, um Rechtsfolgen auszulösen, sondern ist ein Erfolg, den die Würdenorm präventiv verhindert sehen will. Wir verfolgen diesen Gedanken im einzelnen. Die Möglichkeiten der Würdeförderung erschöpfen sich nicht in der Reparatur der Persönlichkeit, sondern müssen früher ansetzen und die Würdemangelfolgen ins Auge fassen. Bevor die Persönlichkeit Schaden nimmt, leidet die Kommunikation, nicht an der Verletzung der Würde — wir müssen mit dem neuen Ansatz auch terminologisch umdenken —, sondern an ihrem Fehlen. Der Mangel kann möglicherweise an Ort und Stelle behoben werden, indem ein Partner der Kommunikation das an Würde zuführt, was der andere fehlen läßt. Würde muß mithin in den Bedingungen ihrer Förderbarkeit von außen untersucht werden. Wenn Würde, auf Kommunikation bezogen, durch Verhaltenskunst zivilisierte Kommunikation ist und, auf Personen bezogen, gelingende Selbstdarstellung, dann zeichnet sich die Möglichkeit ab, kommunikative Verhaltenskunst so anzuwenden, daß man an fremder Selbstdarstellung teilnimmt, sich in sie einfühlt und von außen her fremdverantwortend stützt. Das Motiv dafür mag in dem Interesse liegen, Kommunikationen auf einem würdewahrenden Niveau zu halten und fremde Scham selbst als peinlich zu empfinden und deswegen zu meiden. Folgt man der Auffassung, nur eigennützige Motive seien glaubwürdig, kann ferner als Motiv gelten, daß es erfahrungsgemäß lästig und schwierig ist, Partnern gescheiterter Kommunikationen wiederzubegegnen, weil man dann klarstellen muß, wie man mit dem Ereignis verblieben ist. Es wird erforderlich, sich zu einem Gesicht zu entschließen, das Unbefangenheit oder Ablehnung ausdrückt, das signalisiert, ob man vergessen oder nachtragen will, alles Selbstdarstellungen, die im Vorfeld der Peinlichkeit

anstrengend sind. Solche Erfahrung lehrt, daß eigene Beiträge als Fremdhilfe, als eigenmächtiges Ausgleichen fremder Fehlleistung die Kontakte erleichtern und verbessern. Aus eigenem Antrieb die Dinge in der Kommunikation vom Standpunkt auch des Anderen zu sehen und seiner Selbstdarstellung hörend und reagierend komplementär entgegenzukommen, heißt Takt beweisen, sich taktvoll verhalten. Takt zur Würdewahrung erscheint nebenbei, im Ansatz nicht weiterverfolgt, bereits bei Luhmann[60].

15. Würde und Takt

Bevor wir Takt begrifflich konstruieren erwägen wir zuerst, was aus der Annahme folgt, daß Würdedefizienz Takt impliziert. Die Durchsicht der Fallgruppen am Anfang dieser Arbeit zeigt, daß das Würdeverständnis der Rechtsprechung noch nicht deutlich auf Kommunikationserfordernisse abhebt, sondern Würde als Wert am Menschen festmacht und von daher nur umwegig eine Ausstrahlungs- und Reflexwirkung auf staatliche Kommunikationen erzeugt. Wem das nicht genügt, kann den gleichen Gedanken so verstärken, daß die Würdenorm als Gewährung eines einklagbar subjektiven öffentlichen und privaten Rechts gedacht wird[61]. Das subjektive Recht aber hat in sich selbst keinen Ausgleich, es zielt auf asymmetrische Komplementarität in dem Sinn, daß das Recht des einen die Pflicht des anderen impliziert[62]. Würde als subjektives Recht nimmt der Würdenorm den Charakter der kategorischen Forderung und macht staatliche Gewährungspflicht abhängig vom eigenverantwortlich beliebigen Fordern des subjektiv Berechtigten. So wird die allgemeine staatliche Würdewahrungspflicht umdenkend absorbiert auf die Fälle geforderter Würdegewährung. Diese erfolgt dann höchst mittelbar und künstlich durch Geld oder Fiktion, weil der Pflichtige Würde nicht in natura verschaffen kann. Hinzu kommt die zeitliche Dislozierung bei der Auslegung der Würdenorm als subjektives Recht: Der Berechtigte bemerkt ihm lästige Würdedefizienz, reklamiert beim Pflichtigen unter Hinweis auf sein subjektives Recht, jener bucht die Reklamation als Fall, terminiert auf heute in zwei Wochen und verspricht eine Entscheidung auf Grund der Würdenorm. — Man bemerkt wohl, daß das ‚nicht geht', und zwar deswegen nicht, weil Würde ein Gegenwartsproblem ist und seine Lösung nicht auf später vertagt werden kann. Die Lösung von Würdeproblemen hat Auswirkungen für die Zukunft, wer wem, aus Erfahrung klug geworden, vertraut oder mißtraut. Wenn ein Würdeproblem nicht in der Kommunikationssituation gelöst wird, in der es auftritt, dann löst die

---
[60] *Luhmann*, N.: Grundrechte als Institution, S. 67. Ferner ders., Legitimation durch Verfahren, S. 104, Fn. 10.
[61] So *Nipperdey*, H.-C.: Die Würde des Menschen, S. 11.
[62] Vgl. *Luhmann*, N.: Zur Funktion der ‚subjektiven Rechte', S. 325.

C. Konstruktive Bestimmung

Zeit es so, daß das Würdedefizit als Vergangenheit irreversibel gerinnt und seine Wirkungen unvermeidlich werden.

Wenn das richtig ist, muß die Würdenorm als Anweisung ausgelegt werden, Würdeprobleme ausschließlich dort und dann zu lösen, bevor oder wenn sie auftreten. So evolutionär progressiv die dogmatische Figur des subjektiven Rechts sein mag[63], zur rechtlichen Lösung von Würdeproblemen ist sie unbrauchbar. Abstrahiert man diesen Gedanken, läuft er auf die Unterscheidung von Steuerung/Regelung — Prophylaxe/Kompensation hinaus. Beide Dichotomien sind binär-temporal strukturiert. Gleichwohl treffen sie unser Würdeproblem nicht präzise. Zwar leuchtet ein, daß es besser ist, Würde nicht erst scheitern zu lassen, bevor man sich ihrer annimmt, aber man kann nicht alle Würdeprobleme präventiv lösen ohne den Würde selbst Verantwortenden zu entmündigen und seine Würde dadurch zu beeinträchtigen, daß man Chance und Risiko seiner Selbstdarstellung von vornherein entschärft.

Außerdem sind Kommunikationen in staatlichen Verfahren instrumentell orientiert, d. h. auf sachliche Ergebnisse und effektives Entscheiden ausgerichtet. Es bedarf besonderer Auslösebedingungen, um Meta-Kommunikation, das ist die Bewußthaltung dessen, was vorgeht, die rückkoppelnde Wahrnehmung erwünschter Wirkungen und unerwünschter Nebenwirkungen, zum Thema der Kommunikation zu machen. Diese Auslösebedingungen sind meist psychische Affekte, das Erröten eines Interaktionspartners etwa, der Ausdruck von Scham oder Neid in der Selbstdarstellung. Die Auslösebedingungen markieren eine Schwelle der Störungsbedrohtheit sachlicher Kommunikation, den Legitimationsschwund des Procedere. Will das Entscheidungsfindungsverfahren legitim bleiben und drohende Störung abwenden, muß es die gemeinsame Aufmerksamkeit auf die Ursachen der Störung und auf die Möglichkeiten der Restabilisation der Situation richten. Das geht nur sofort, wenn die zukünftige Kommunikationsbereitschaft der Partner unter irgendeinem Gesichtspunkt wichtig ist. Die Legitimation durch Verfahren setzt daher Kommunikation über Kommunikation voraus. Wichtig ist nun die Feststellung, daß Würde als Eigenschaft von Kommunikationen in den Bereich der Meta-Kommunikation gehört. Will man Würde fördern, muß man ein Würdeförderungsmittel suchen, das ebenfalls meta-kommunikativ funktioniert. So setzen wir Takt an. Würde und Takt als meta-kommunikative Phänomene bilden ein Beispiel für doppelte Kontingenz: Jeder kann anders und jeder weiß, daß auch der andere anders kann[64].

---

[63] Vgl. *Luhmann*, N.: Zur Funktion der ‚subjektiven Rechte', S. 327.
[64] Vgl. *Luhmann*, N.: Rechtssystem und Rechtsdogmatik, 1974, S. 47.

15. Würde und Takt

In ihrer doppelten Kontingenz bewirken Würde und Takt in ihrer komplementären Verbundenheit die Erweiterung der bisher einfach kontingenten Bandbreite vertretbar tunlichen Verhaltens. Darin sehe ich einen Ansatz, dem Recht die Form normierter Verhaltensmodelle zu geben[65]. Doppelte Kontingenz dient der Bestimmung unbestimmter Zukunft. Diese Unbestimmtheit läßt sich nicht eliminieren, vielleicht aber sozialisieren[66]. Die Vorbereitung auf Zukunft, die Zurichtung der Anwartschaft auf erwünschte Zukunft ist in der Gegenwart zu leisten. Gegenwart als Zeitpunkt zu begreifen, in dem sich die subjektive Weltgeschichte gerade befindet[67], ist ein kontemplativer Gedanke ohne Orientierungsgehalt. Funktional betrachtet ist es Aufgabe der Gegenwart, „durch geeignete Selektionsverfahren jene Vergangenheiten zu schaffen, die künftig brauchbar sein werden"[68]. Das input-output-Modell konditional programmierten rechtlichen Entscheidens (Da mihi factum, dabo tibi ius) verwendet das Faktum der Vergangenheit auf die Norm bezogen als input und sieht dogmatisch grundsätzlich keine Möglichkeit, den output über die output-Folgen zu variieren[69]. Der rechtliche Entscheidungsfindungsprozeß abstrahiert ein menschliches Verhalten grundsätzlich ‚ohne Ansehen der Person' zum Ereignis, das automatisch Rechtsfolgen auslöst, die wieder an der Person festgemacht werden. Dieser Vorgang ist gegenwartblind, weil er Gegenwart nur zur Rechtsfolgenauslösung verwendet und nicht die Kontingenz reflektiert, daß man Verschiedenes tun kann und was therapeutisch zukunftsverantwortlich angemessen wäre. Die Furcht vor Willkür ist größer als vor verdorbener Zukunft. Bei der Rechtsanwendung dominiert der Gesichtspunkt des Gehorsams den der Verantwortung. Indes kann man nicht festschreiben, daß Rechtssicherheit stets vor Zukunftssicherheit geht. Der Gehorsam gegenüber dem Recht ist taktlos gegenüber der Zukunft. Wo bietet sich ein Ausweg aus dem Dilemma?

Vielleicht so: Das Recht kennt außer Konditionalprogrammen auch Zweckprogramme, z. B. die Würdenorm. Ohne Situationsbezug sind Zwecke nicht geeignet, zur Mittelauswahl zu dienen[70]. Situation ist der Hauptnenner von Verhalten und Ereignis, sowie der Schnittpunkt von Kausalität und Zurechnung. Das Thema wäre im Rahmen der ‚Juridifizierung der Situation' auszuarbeiten. Hier nur soviel: Vergangenheitsbezogen läßt Takt sich als Situationsvariable ausweisen, indem man die Popitzsche These von der Funktion des Nichtwissens so spezifiziert, daß man diese Funktion nicht nur präventiv, sondern auch therapeu-

---

[65] Vgl. *Luhmann*, N.: Rechtssoziologie, Bd 2, 1972, S 342.
[66] Vgl. *Luhmann*, N.: Rechtssystem und Rechtsdogmatik, 1974, S. 47.
[67] Siehe Fn. 65, S. 346.
[68] Siehe Fn. 65, S. 347.
[69] Siehe Fn. 66, S. 48.
[70] *Luhmann*, N.: Politische Planung, 1971, S. 118.

tisch auffaßt[71]. Ereignisse werden als Faktum der Vergangenheit so rekonstruiert, daß die Rahmensituation redefiniert wird. Das aber ist ein Kommunikationsprozeß der Gegenwart, der eine beschränkt agnostische Einstellung erlaubt, um nicht mehr herauskommen zu lassen als gesucht wird. Diese Tendenz wird unterstützt durch ein arbeitsökonomisches Interesse und den Grundsatz: Minima non curat praetor[72].

Insofern gibt es nicht nur eine Verdunkelungsgefahr, sondern auch ein Verdunkelungsinteresse, das begrenzt, aber nicht ausgeschlossen wird von Begünstigungsverbot und Legalitätsprinzip. Es ist strukturell nachteilig, daß die Motive von Rechtmäßigkeit und Kriminalpolitik zueinander im Verhältnis von Grundsatz und Ausnahme stehen statt sich gegenseitig zu verstärken. Unter diesem Gesichtspunkt ist es auch problematisch, Zweckprogramme gegen Konditionalprogramme anzusetzen. Eine politisch mögliche, gegenwärtig aber verfassungswidrige Lösung besteht darin, Richter festzulegen auf Parteilichkeit für eine politisch legitimierte Zukunftsbestimmung. Da verfassungswidrige Lösungen ausscheiden, bleibt nur die Sensibilisierung des positiven Rechts für die Vordringlichkeit der Lösung von Zukunftsproblemen. Die Positivierung des Rechts bedeutet die Emanzipation von der Prädominanz der Vergangenheit. Der Schritt zum therapeutischen Recht, das Normgehorsam nicht nur als selbstverständlich voraussetzt und Normabweichung automatisch sanktioniert, sondern zur Rechtstreue motiviert und konditioniert, steht noch aus.

Dabei wird dieser Weg von Zweckprogrammen wie Art. 1 GG und § 1 JWG gewiesen, aber noch nicht gebaut. Ein Angebot wäre, Zwecke auf Situation als Gegenwart zu beziehen, ein Recht der kommunikativen Gegenwart zu konzipieren, in dem das Verhalten nicht einfach als Faktum gebucht und mit Rechtsfolgen versehen wird, sondern das facere mitgeschmiedet wird, solange es gegenwärtig ist.

16. Kommunikationsnormen der Prozeßordnungen

Die Auffassung, die Würdestruktur schließe es aus, die Würdenorm als einklagbar subjektives Recht zu deuten, führt im Ergebnis zu einer Rückannäherung an Dürig. Nur die tragende Begründung hat gewechselt. Wir wollen die Klagbarkeit weder zwecks Gewinnung eines Wertsystems wegtauschen noch vertreten wir die Meinung, die gesamte Würdeproblematik werde vom Radius der speziellen Grundrechte abgedeckt, sondern sahen, daß Würde so zeitempfindlich ist, daß Klage kaum mehr als einen Nachruf oder andere Reusymbole bewirken kann.

Der Rechtsordnung und der Rechtsprechung sind Kommunikationsnormen geläufig. Takt und Taktlosigkeit des Richters finden ihre

---
[71] Vgl. *Popitz*, H.: Über die Präventivwirkung des Nichtwissens: Dunkelziffer, Norm und Strafe, 1968.
[72] Vgl. *Baumann*, J., in: Festschrift für Karl Peters, 1974, S. 3 - 14.

Grenzen im Erfordernis der Unbefangenheit als Bedingung seiner kommunikativen Kompetenz. Kommunikative Qualitätsmängel von seiner Seite werden nicht kompensatorisch repariert, sondern dem Sender so zugerechnet, daß seine Sendekompetenz suspendiert wird. Befangenheit ist ein richterlicher Würdemangel, der Mißtrauen verursacht, das rechtlich negativ sanktioniert wird, vgl. §§ 22 ff. StPO, §§ 41 ff. ZPO usw. Würde- und Taktlosigkeiten von Parteien, Beschuldigten, Zeugen, Sachverständigen und anderen Personen ahndet § 178 GVG. Die Vorschriften über Zeugenbelehrung und Zeugnisverweigerung ordnen taktvolle Rücksichtnahme auf die Selbstdarstellungsinteressen des Zeugen an. Diese Beispiele sollen genügen; sie sind aber alle älter als die Würdenorm. Das legt nahe, daß der Würdenorm damit nicht vollauf Genüge getan ist, sondern die Würdenorm auf weitergehende Kommunikationszivilisierung abzielt. Das Recht zieht es immer noch vor, Fehler über Verschulden abzuwickeln, also den, dem der Fehler zuzurechnen ist, schlechtzumachen. Demgegenüber sind Verfahren verschuldensunabhängiger Fehlerabwicklung denkbar. Verschuldenswertungen tangieren Würde stets als Vorwurf mißbilligter Selbstdarstellung wegen Verkennung der besseren Alternative. Kommunikationen, die auf Verschuldensfeststellungen abzielen, um daran die Rechtsfolge zu befestigen, sind würdeabträglich und taktlos. Man kann voraussetzen, daß in Wirtschaftsprozessen und Kommunikationen eine gewisse Fehlerquote statistisch wahrscheinlich ist. Dafür kann einfach Ersatz bereitgestellt werden. — Für Prozeßordnungen verwenden wir diesen Gedanken so: Wenn der Verfahrensverstrickte sich gegen Taktlosigkeiten des Richters nur durch dessen Ablehnung wegen Besorgnis der Befangenheit wehren kann, werden Regelungsalternativen übersehen. Denkbar wäre auch, im Sinne eines „ich höre und protestiere" zu versuchen, die fehlerhafte Kommunikation zu isolieren, irrelevant zu setzen und auszusondern. Das gilt besonders für Fehlleistungen, die angesammeltes Vertrauen zwar belasten, aber nicht aufzehren. In diesem Vorgang würde sich eine gemeinsame Situationsverantwortung abzeichnen. Umgekehrt muß Ungebühr vor Gericht nicht gleich mit Ordnungsstrafe belegt werden, sondern kann tolerant als irrelevant qualifiziert werden. Ich sehe darin den Ansatz, das Taktgebot der Würdenorm nicht asymmetrisch-komplementär, sondern reziprok als auf Gegenseitigkeit angelegt zu verstehen. Dieses Konzept hätte den Vorteil, Würde nicht nur als Bürgerprivileg zu sehen, sondern angesichts der Würdebedürftigkeit des Staates die Würdenorm in integrativer Funktion anzuwenden.

Im Übergang vom Obrigkeitsstaat zur rechtsstaatlichen Demokratie hat das richterliche Handeln viel Aufmerksamkeit auf sich gezogen und zu sensitiver Fragestellung auch im Rahmen empirischer Forschung

Anlaß gegeben. So ist untersucht worden[73], welche Eindrücke Verurteilte von ihren Richtern gewonnen und in Erinnerung behalten haben. In der Hauptverhandlung kann der Richter die Unterlegenheit des Angeklagten verstärken, ihn entmutigen und seine psychische Funktionsfähigkeit im Rahmen der Verteidigung beeinflussen[74]. Dem Gesetzgeber ist zur Gerichtssprache kaum mehr eingefallen als daß sie deutsch sei, § 184 des Gerichtsverfassungsgesetzes. Die Auslegung der Würdenorm als Taktgebot impliziert hinsichtlich der Gerichtssprache, daß der Richter zu sozial reversiblem Verhalten verpflichtet ist. Reversibilität in der sozialen Interaktion bedeutet, daß ein Verhalten auch vice versa anwendbar ist, ohne gegen die Regeln der Achtung, der Höflichkeit, des Taktes zu verstoßen[75]. Darin liegt ein Abbau der Denkhaltung ‚Quod licet Iovi, non licet bovi'. — Die empirische Fragestellung, auf die erste Antwort bereits gesucht und gefunden[76] wurde, lautet: Sind Richter Angeklagten in öffentlichen Gerichtsverhandlungen ein Beobachtungsmodell für achtungsvolles, taktvolles und höfliches Verhalten oder sprechen sie Angeklagte häufig in einer Art an, die diese gegenüber Richtern nicht verwenden könnten?

Entmutigen Richter Angeklagte häufig? Verletzen Richter gelegentlich die Unantastbarkeit der Würde durch Geringschätzung im sprachlichen Umgang mit Angeklagten? Behandeln Richter Angeklagte als Unmündige, indem sie während der Verhandlung unnötig befehlen?

Uns interessieren diese Fragen weniger unter moralischem Aspekt als im Hinblick auf das Verhältnis von Verfahren und Zeit. Verfahren, die Prozeß sein wollen, müssen vorankommen, ihr procedere sicherstellen, d. h. für funktionierende Situationsverkettung sorgen. Prozesse sind empfindlich gegen Sequenzstörungen, gegen Verschleppung, Stillstand und erzwungene Umwege. Diese Störbarkeit bildet den Hintergrund von Prozeßtaktik[77].

Unter diesem Gesichtspunkt hat das Taktgebot der Würdenorm die Funktion, psychische Störungen der Prozeßbeteiligten im Interesse des Procedere zu minimieren. Störungen erzwingen Umwege, Thematisierung der Störung, ein Sonderprocedere zur Abarbeitung der Störung. — Kommunikationsnormen dienen der Vermeidung von Störungen, fungieren als Präventivnormen und Zweckprogramme. Wenn man Prozeß als Situationensequenz begreift, juridifizieren Kommunikationsnormen Situationen. In der Juridifizierung ist Wissen Macht, je nach Vorhersehbarkeit durch Normen das Erwünschte zu bewirken und das

---

[73] Vgl. *Kühling*, P.: Richter und Strafvollzug aus der Sicht junger Gefangener, 1970, S. 270 - 272.
[74] Vgl. *Tausch*, A.-M. / *Langer*, I., 1971, S. 283 - 303.
[75] Vgl. *Tausch*, R. / *Tausch*, A., 1965, S. 28 - 42.
[76] Siehe Fn. 74.
[77] Vgl. *Scheuerle*, W.: Studien über die Prozeßtaktik, AcP 152, S. 351 - 372.

Unerwünschte aus der Situation fernzuhalten. Meine These ist nun, daß Kommunikationsnormen, das Taktgebot der Würdenorm insbesondere, dem Gelingen reibungsloser Situationsverkettung dienen.

Peinlichkeit ist eine Würdeverletzung, die als Scheitern der Situation empfunden wird. Funktional betrachtet sind Würdeverletzungen prozeßbedrohlich, weil die Kommunikationsgrundlage wegfällt. Situationen scheitern dann, wenn ihre Fortsetzbarkeit nicht mehr abzusehen ist, wenn der Anknüpfungspunkt fehlt, wie geplant fortzufahren und die nächste Situation einzuhaken. Jede Kette ist so stark wie ihr schwächstes Glied. Die Situationskette des Prozesses kann sich keine schwachen Stellen leisten. Die Prozeßordnung steuert den Kontakt der Situationen vor. Kommunikationsnormen sorgen für hinreichende Qualität der Prozeßkommunikationen, soweit diese planbar und normierbar sind.

Unser Thema erreicht hier eine doppelte Grenze: Kommunikationsnormen liegen im Grenzbereich zwischen Rechts- und Sozialnorm. Das Taktgebot der Würdenorm liegt im Grenzbereich zwischen Planung und Improvisation. Nachfolgend müssen wir die begriffliche Konstruktion von Takt erwägen. Die Richtung ist klar: Aufgabe des Taktes ist es, im Unvorhersehbaren Situationssicherheit herzustellen, die den Übergang je zur nächsten Situation erlaubt. Ist Improvisation selbst durch Nichtplanbarkeit definiert, so können wir mit Hilfe des Taktbegriffs vielleicht einen planungsähnlichen Effekt erzielen, wenn wir würdenormgemäße Improvisationstechniken ins Auge fassen.

17. Begriffliche Konstruktion von Takt

Worauf bezieht sich Takt, was leistet er und wie macht er das? Historisch kann man davon ausgehen, daß Johann Friedrich Herbart Takt als pädagogischen Terminus an der Wende vom 18. und 19. Jahrhundert eingeführt hat[78]. Die erste Wortsinnbildung ist der Musik des französischen Rokoko zuzuschreiben. Sinnübernahmen erfolgten im Zusammenhang mit dem Begriff des Umgangs. Knigges berühmtes Werk ‚Über den Umgang mit Menschen', 1788, und Schleiermachers ‚Theorie des geselligen Betragens', 1799, nannten den Taktbegriff nicht, sondern sprachen von Zartgefühl, das Verletzung und Beschämung zu meiden weiß, vom guten Ton, der das Schickliche wahrt. — Im militärischen Bereich kehrt der Gedanke des Taktes, im richtigen Moment das Geeignete zu tun, bei Clausewitz als Taktik wieder. „Wer sich in einem Element bewegen will, wie der Krieg es ist, darf durchaus aus seinen Büchern nichts mitbringen als die Erziehung seines Geistes. Bringt er fertige Ideen mit, die ihm nicht der Stoß des Augenblicks eingibt, so

---
[78] *Muth, J.*: Pädagogischer Takt, 1962, S. 67 ff.

wirft ihm der Strom der Begebenheiten sein Gebäude nieder, ehe es fertig ist[79]."

Herbart setzt ‚Tact' so an: „Nun schiebt sich bei jedem noch so guten Theoretiker ... zwischen die Theorie und die Praxis ganz unwillkürlich ein Mittelglied ein, ein gewisser Tact nämlich, eine schnelle Beurteilung und Entscheidung, die nicht, wie der Schlendrian, ewig gleichförmig verfährt, aber auch nicht bei strenger Consequenz und in völliger Besonnenheit an die Regel, zugleich die wahre Forderung des individuellen Falles ganz und gerade zu treffen[80]." „Die große Frage nun, an der es hängt, ob jemand ein guter oder schlechter Erzieher seyn werde, ist einzig diese: wie sich jener Tact bei ihm ausbilde[80]?"

Wir gelangten zum Takt, indem wir auswiesen, daß Achtung und Schutz der Würde, wie das Gesetz es befiehlt, jedenfalls Ausübung von Takt bedeutet. Unsere Frage analog zu der Herbarts lautet also, wie der Richter jenen Takt bei sich ausbilde?

Methodisch steckt dahinter die Frage nach der Normierbarkeit von Takt.

Die normative Anweisung „Sei taktvoll" bewirkt vermutlich so wenig wie der Ratschlag des Klavierlehrers, nur ja immer mit dem richtigen Finger zum richtigen Zeitpunkt die richtige Taste anzuschlagen.

Wir bezweifeln, daß die adäquate Auslegung einer Norm allein den gewünschten Effekt erzielen kann. Vielleicht ist die Auslegung der Würdenorm als Taktgebot, um effizient zu sein, darauf angewiesen, über sensibilisierende Veränderung der juristischen Berufssozialisation zu wirken.

Wir fahren nun so fort, daß wir Takt als etwas voraussetzen, das in der Welt zuweilen erkennbar, studierbar, lernbar der Fall ist. Wir versuchen eine kognitive Explikation, die dann in das normative Konzept einzubringen wäre.

Der direkt normative Zugriff hat den Nachteil, daß er seine Wirkungschance nicht reflektiert, sondern einfach davon ausgeht, daß die Norm als Norm Gehorsam heischt, und gehorchst Du nicht, trifft Dich eine negative Rechtsfolge. Dieses ‚Gehorche oder leide' ist eine gefährliche Selbstdarstellung des Normgebers, die zähneknirschendes Sichfügen, nicht aber Zustimmung auslöst. Wir könnten dagegen versuchen, die Effizienz des rechtlichen, der Würdenorm zugehörigen Taktgebotes dadurch zu erhöhen, daß wir Takt als latente Sozialnorm

---

[79] Zitiert nach dems., ebd., S. 66.
[80] *Muth*, S. 67 f.

17. Begriffliche Konstruktion von Takt

aufspüren, um diese dann durch positives Recht manifestiert zu verstärken. Sozialnorm und Rechtsnorm lassen sich beide auf Situation beziehen. Soziale Situation fordert passendes Verhalten, das die Situation in erwünschtem Sinne definiert und löst. In hochbrisanten Konfliktsituationen kann die Lösungsvariable in der Beseitigung eines Beteiligten bestehen: mich töten / den anderen töten — selbst weglaufen / den anderen vertreiben. Man kann aber auch die Beteiligten konstantsetzen und die Lösungsvariable in der Kontingenz sprachlicher Möglichkeiten suchen. Betrachtet man Takt zunächst als Symbol kommunikativer Zivilisierung, so bedeutet Takt zuerst Verzicht auf Eliminierung eines Interaktionspartners in sozialer Situation. Weitergehend läßt Takt sich über Mitleid vermitteln. Grausamkeit kommt die gleiche Universalität zu wie Mitleid[81]. Grausamkeit ist ein apersonales Verhalten, das den anderen zum reinen Objekt zerstörender Lust freisetzt. Mitleid und Grausamkeit kämpfen gegeneinander, und der Ausgang des Kampfes ist ungewiß. Mitleid ist ein handlungsanweisendes Gefühl, das beim Anblick des Leidens anderer einsetzt[82]. Die Handlungsanweisung liegt in der Auslösung des unmittelbaren Willens zu helfen, gleichgültig, woher das Leiden kommt; Mitleid ist die äußerste und letzte Möglichkeit, den Menschen in seiner ‚nackten Existenz' zu retten angesichts der unmittelbaren Negation dieser Existenz[83].

Die Vermittlung von Takt über Mitleid zur Würde paßt zur Würdenorm besonders dann, wenn man als Normanlaß Auschwitz denkt. Die Auslegung der Würdenorm als Taktgebot hat aber den weitergehenden Vorteil, nicht nur den exzessiven Sonderfall zu umfassen, sondern auch auf kleinerförmige Kommunikationsprobleme in der rechtsstaatlichen Demokratie anwendbar zu sein. Es ist nicht einfach, die historische Intention einer Norm mit dem Steuerungsbedürfnis einer weit entfernten Gegenwart ineinszusetzen und den Vorwurf zu vermeiden, die interpretierte Norm in dezisionärer Beliebigkeit anzuwenden. Takt muß zwei assoziierbare Vorurteile ausräumen, um als handlungsanweisende Norm ernstgenommen zu werden:

Verweichlichende Humanisierung — bildungsbürgerlich gute Kinderstube. Begriffliche Arbeit erhebt den Anspruch, das explicandum nicht bloß als Vorhandenheit abzubilden, sondern sie benutzt Vorhandenes als Kristallisationskern, um Wirklichkeit konstruierend zu stiften. Daher müssen die genannten Vorurteile nicht jedenfalls entkräftet werden, sondern können dazu dienen, das Herunterkommen des Taktbegriffs und seine Erstreckung aufs bloß Enge abzuwenden. Damit brauchen wir das Zutreffen der Vorurteile nicht zu bestreiten, sondern

---
[81] *Schulz*, W.: Philosophie in der veränderten Welt, 1972, S. 750.
[82] *Schulz*, W.: Philosophie in der veränderten Welt, 1972, S. 750.
[83] Ders., ebd., S. 751.

können es durch Aufweis begrifflich neuer Möglichkeiten und funktional weiterreichender Aufgaben überholen. Wir scheuen uns daher nicht, aus dem ‚Goldenen Anstandsbuch' zu zitieren[84]:

Takt nennt man das feine Rechtsgefühl bei Abwägung der gegenseitigen Pflichten und Beziehungen im geselligen Verkehr der Menschen. Es gibt uns ein klares Verständnis für die Lage, in der wir uns jeweils befinden, und legt uns nahe, was zu sagen oder was zu tun sei, ohne den Nächsten zu verletzen oder ihm zu schmeicheln. Takt ist also ein zartes und feinfühliges Anpassen der Grundsätze der Gerechtigkeit und Sitte auf jeden einzelnen Fall. Zum taktvollen Benehmen sind Lebens- und Weltklugheit und Geschmack erforderlich. Der geläuterte Geschmack ist das feine Gefühl, das jede Unebenheit, jeden Verstoß gegen Schicklichkeit und Höflichkeit bemerkt und vermeidet ... — Ja wer doch immer sofort wüßte, was man bei einer bestimmten Gelegenheit sagen oder tun soll! Hinterdrein wissen's die meisten Menschen, wenn sie sich über sich selbst ärgern oder sich beschämt fühlen[84].

Beschränkungen der Zitierfähigkeit ergeben sich nur im Hinblick auf den Ertrag des Zitats. Wir begreifen das Zitierte als Alltagstheorie, die zur Einbringung in weiter ausgreifende Konzeptualisierung reizt. Deutlich wird der Bezug auf Situation, in der die Beteiligten Anerkennung (Würde) und Erwiderung (Takt) suchen und geben wollen. Schmeichelei muß vermieden werden, um nicht Unterordnung anzudeuten und Macht zuzuschanzen. Die juristische Einschätzung des Taktes erfolgte anfangs auf gleicher Linie. Rudolf von Jhering[85] stellt als Funktion des Taktes die Fernhaltung alles Verletzenden heraus. So wird Takt als Mittel für eine gewünschte Wirkung angesetzt, Takt also als das Gute gelobt, das das Böse vermeidet. Dieser Ansatz bedenkt Takt nicht in seinen Voraussetzungen und spezifiziert den zu vermittelnden Zweck nicht.

Takt löst nicht nur Würdeprobleme, sondern schafft auch ein spezifisches: Wer zu mir taktvoll ist, setzt wohl voraus, daß ich es nötig habe, und glaubt nicht, daß meine Würdeeigenverantwortung zu wünschbaren Ergebnissen führt. Gegenüber unerwünschtem Takt ist eine Taktik wirksam, den Taktmissionar mit sanfter Hand aufs Glatteis zu führen und ihm selbst Würdeprobleme zu verursachen. So kann Würdeeigenverantwortung Takt in seine Subsidiarität zurückverweisen. Daraus erhellt, daß Takt nur würdeförderlich ist, wenn der Geförderte die Situation so mitdefiniert wie der Fördernde. Andernfalls ist ein ‚Abblitzen' der Fall.

---
[84] *Eltz*, J. v.: Das Goldene Anstandsbuch, o. J. (1902), S. 17.
[85] *Jhering*, R. v.: Der Takt, Aus dem Nachlaß herausgegeben und eingeleitet von Christian Helfer, in: Nachrichten der Akademie der Wissenschaften in Göttingen, I. Phil.-Hist. Klasse, Jg. 1968, Nr. 4, S. 78 - 97, S. 96.

Takt setzt gelingendes Fremdverstehen voraus, Erfahrung also mit den Wirkungen eines bestimmten Verhaltens auf Situation und Beteiligte. Das Taktgebot als Konsequenz der Würdenorm ist Bestandteil einer normativen Ordnung, die schon begrifflich intendiert, jene Aktivitäten auszuschließen, die die wechselseitigen Beziehungen zerstören. Takt läßt sich so als kommunikative Grundregel oder Basisnorm verstehen. Kommunikative Ethik[86] würde Takt zugunsten von Personen einsetzen. Ethische Normen beruhen auf dem harmonistischen Ideal, das Gute gegen das Böse zu mehren. Jedoch kann das sogenannte Böse überlebenswichtig sein und das sogenannte Gute naiv. Wenn ethische Normen rechtsrelevant sein sollen, muß angegeben werden, wie die Verletzung der ethischen Norm zu beantworten ist. — Meine These wäre nun, Takt nicht auf Personen, sondern auf Situationen zu beziehen im Rahmen der Legitimation durch Verfahren. Luhmann legt die Betonung darauf, Entscheidungen dadurch zu legitimieren, *daß* sie verfahrensmäßig gewonnen werden. Es fragt sich, ob Legitimation durch Verfahren auf qualitative Legitimation verzichten kann. Jedermann kann den Verstrickten als Problemquelle isolieren, darin machen Faschismus und Demokratie keinen Unterschied. Der Unterschied könnte aber darin gefunden werden, daß in der rechtsstaatlichen Demokratie von der Selbstdarstellung des Systems sein Fortbestand abhängt. Diese Selbstdarstellung des Systems findet typisch statt in Kontaktsituationen, in denen mit der Umwelt kommuniziert wird. Die gesellschaftliche Umwelt hält sich ihr politisches System, auf daß es Dienste leiste. Mausert es sich zu taktlos repressiver Situationsherrschaft, wird das System ein kollektives Ressentiment auf sich ziehen, das zur Systemreform tendiert. Takt wäre demnach legitimierende Situationsbedingung, deren Mißachtung auf Systemdisqualifizierung hinausläuft. Wir versuchen, Takt als das situative Vermittlungsprinzip zwischen Herrschaft und Selbstbestimmung vorzustellen.

18. Der Beitrag des Taktes zur Legitimation durch Verfahren

„Demokratie und Rechtsstaat sind die Antworten der westlichen politischen Tradition auf das Herrschaftsproblem. Der fundamentale Widerspruch zwischen Herrschaft und menschlicher Selbstbestimmung soll ertragbar werden durch die demokratische Verknüpfung der Entscheidungsprogramme der Herrschenden mit den Forderungen und Interessen der Beherrschten und durch die rechtliche Zuordnung, Begrenzung und Kontrolle der Befugnis zur Herrschaftsausübung[87].

Der entscheidende Unterschied zwischen dem amerikanischen und dem deutschen Modell liegt darin, daß wir den Rechtsschutz gegenüber

---

[86] Vgl. *Bülow*, E.: Kommunikative Ethik, 1972.
[87] *Scharpf*, F.: Die politischen Kosten des Rechtsstaats, S. 9.

der Verwaltung in erster Linie als verwaltungsgerichtlichen Schutz ausgestaltet haben, während das Schwergewicht in den Vereinigten Staaten auf dem von der Verwaltung selbst anzuwendenden rechtsförmlichen Verfahren liegt. Dementsprechend ist das deutsche Verwaltungsrecht primär materielles Recht, das amerikanische überwiegend Verfahrensrecht; der deutsche Richter kontrolliert in der Regel die sachliche ‚Richtigkeit' einer angefochtenen Verwaltungsentscheidung, der amerikanische die ‚Fairneß' des Verfahrens, in dem die Verwaltung ihre Entscheidung getroffen hat[88]."

Wir verwenden das Zitat als Hintergrund der Fragestellung: Legitimieren sich rechtliche Entscheidungen durch ihre materiale output-Qualität der Wahrheit/Gerechtigkeit/Richtigkeit oder durch die procedurale input-Qualität der Fairneß des Entscheidungsfindungsverfahrens?

Die Frage wird erörtert unter dem Gesichtspunkt, welchen Beitrag Würdenorm und Taktgebot zu ihrer Beantwortung leisten. Für die Interpretation von Art. 1 GG findet sich nun Gelegenheit zu prüfen, ob die Würdenorm ihre wesentliche Funktion vielleicht als Verfahrensgrundnorm erfüllen kann.

Ein System, das die Entscheidbarkeit aller aufgeworfenen Probleme garantieren muß, kann nicht zugleich die Richtigkeit der Entscheidung garantieren[89].

Der Sinn des rechtlich geregelten Gerichtsverfahrens wird von den herrschenden Prozeßlehren auf einen Wahrheitswert bezogen, auf ein richtiges Erkennen dessen, was als Recht gilt und im Einzelfall Rechtens ist[90].

Die Perfektion von Wahrheit, Gerechtigkeit, Richtigkeit der Entscheidung leidet unter Knappheit der Entscheidungskapazität, weil der Vermehrung von Zeit und Aufmerksamkeit zur Perfektionierung der Einzelfallentscheidung Grenzen gesetzt sind. Die Menge der als Fälle anfallenden Probleme konkurriert um Verfahrenszeit und -aufmerksamkeit, so daß Gerechtigkeit unter dem Knappheitsgesichtspunkt als notwendige und hinreichend legitimierende Beziehung von Aufwand und Ertrag zu denken ist. Die durch das Verfahren zu vermittelnden Zwecke wie Gerechtigkeit, Wahrheit, Frieden, Ordnung, Würde erscheinen in diesem Licht als Grenznutzen, und die Legitimation der Entscheidung hängt dann von ihrer Vertretbarkeit ab, in dem Sinne, ob der erreichte Grenznutzen einem geforderten Mindestmaß ent-

---

[88] Ebd., S. 14.
[89] *Luhmann*, N. Legitimation durch Verfahren, S. 21
[90] Ebd., S. 17.

18. Der Beitrag des Taktes zur Legitimation durch Verfahren

spricht. Dieses Mindestmaß wird beispielsweise durch Revisionsgründe gesetzt.

Die Legitimationsfrage lautet bildhaft so: Erkennt man die Gesundheit eines Baumes an seinen Früchten oder an den Merkmalen seines Wachstums?

Rechtlich: Gibt es ein Recht auf fehlerfreies Verfahren oder auf fehlerfreie Entscheidung? Ist ein Verfahrensfehler irrelevant, wenn die Entscheidung nicht auf ihm beruht? Ist eine Entscheidung automatisch richtig, wenn ein Verfahrensfehler nicht vorliegt?

Luhmann als Vertreter der Legitimation durch Verfahren würde vermutlich so antworten: Die Fehlerfreiheit der Entscheidung kann nur über Verfahren reguliert werden, d. h. Fehler können solange relevant gerügt werden, bis bindend über sie entschieden ist. Verfahrensfehler sind relevant, wenn sie gerügt werden und solange nicht bindend über sie entschieden ist. Wenn Verfahrensfehler nicht vorliegen, ist eine Entscheidung nicht automatisch richtig, sondern nur legitim gültig. Luhmann konzipiert die Legitimation durch Verfahren analog dem Marktmechanismus von Angebot und Nachfrage durch die Dialektik von Maßnahme und Kritik im Verfahren.

Die Schwäche seines Konzepts besteht m. E. darin, das Problem der Kommunikations- und Situationsherrschaft folgenlos zu lassen, also Waffengleichheit im Verfahren einfach vorauszusetzen. Luhmann scheint die Problematisierung des wahrgenommenen Phänomens abzulehnen: „In solchen Situationen hat der Schnellere, und das ist typisch der geschulte und erfahrene Teilnehmer, wesentliche Vorteile. Er findet Zeit, die Konsequenzen seines Handelns vorauszusehen und sich an mutmaßlichen Wirkungen zu orientieren. Er hat die Chance größerer Rationalität und größeren Einflusses auf den Verlauf der Dinge. Der Langsamere dagegen findet sich immer wieder unter Zugzwang. Er muß sich an den Forderungen des Augenblicks orientieren, also an der Gegenwart statt an der Zukunft; er kann sein Maß nur in den gerade aktuellen Zumutungen oder in seinem eigenen Zustand, etwa in seiner Verstocktheit, finden und ist so taktisch unterlegen. Er muß handeln und kann erst nachher definieren, was er getan hat, sofern nicht auch dies von seinen schnelleren Partnern für ihn besorgt wird. Diese Unterlegenheit bewirkt auch, daß der Langsamere den die Situation regierenden Erwartungen stärker ausgeliefert ist. Er wird durch die Situation regiert oder doch zu ständigen Kompromissen zwischen seinen Endzwecken und dem in der Situation Erforderlichen genötigt[91]."

---
[91] *Luhmann, N.,* S. 46.

C. Konstruktive Bestimmung

Luhmann trifft diese kognitiven Feststellungen ausschließlich zur Wahrnehmung dessen, was in Verfahren der Fall ist, abstrahierend von normativen Wertungen und Konsequenzen. Legitimation durch Verfahren setzt Waffengleichheit nicht real, sondern als Möglichkeit voraus. Wer diese voraussetzungsreiche Möglichkeit nicht zu nutzen weiß, dem fällt diese Unfähigkeit als Obliegenheitsverletzung selbst zur Last und kann die Legitimität der Entscheidung, auf die Einfluß zu nehmen er Gelegenheit hatte, nicht anfechten. Wer nicht rechtzeitig zutreffend seine Kritik anbringt, verwirkt seine Chance auf relevante Kritik, wird damit nicht mehr gehört, verpaßte Gelegenheiten kehren nicht wieder, verspätete Proteste sind unglaubwürdig[92].

Ich bezweifle nicht, daß Verfahren so funktionieren wie Luhmann sagt: „Vermutlich ist dies die heimliche Theorie des Verfahrens: daß man durch Verstrickung in ein Rollenspiel die Persönlichkeit einfangen, umbilden und zur Hinnahme von Entscheidungen motivieren könne[93]."

Aber Luhmann sieht selbst, daß diese Verfahrenssituation bereits im Mittelalter consilium et auxilium implizierte[94], modern gesprochen: Takt.

Wenn man den selbstregulierenden Entscheidungsfindungsprozeß von Maßnahme und Kritikchance als legitimierend und funktionierend voraussetzt, so fragt sich, welche Würdekosten dabei anfallen. Daß Verfahrenssituationen Selbstdarstellungsschwierigkeiten bereiten, weil die Verstrickten nicht schnell genug begreifen, worauf es ankommt, und sie nicht wissen, wie sie in flüchtiger Situation ihre Chance recht nützen können, leuchtet ein. Vielleicht wird jetzt deutlich, warum es sinnvoll ist, Takt auf Situation zu beziehen. Der Verfahrensverstrickte läuft Gefahr, seine situative Einflußchance auf das Verfahren zu verlieren, weil er sie nicht entdeckte. Eine Chance, die der Begünstigte nicht als real definiert, wird für ihn nicht real. Schärfer: Die Verstrickten wissen nicht, wie ihnen geschieht, doch ihre Präsens, die mit Einflußchancen verknüpft ist, legitimiert die Entscheidung: Qui tacet consentire videtur.

Luhmann verfolgt mit seinem Konzept der ‚Legitimation durch Verfahren' kognitive, nicht normative Ansprüche. Ob sein Konzept die Wirklichkeit trifft[95], braucht hier nicht erörtert zu werden. Es hat jedoch den Anschein, daß seine juristischen Kritiker sich nicht genügend von der normativen Perspektive freimachen können, daß nicht sein

---

[92] *Luhmann*, S. 45.
[93] Ders., ebd., S. 87.
[94] Siehe Fn. 93.
[95] Vgl. *Zippelius*, R.: Legitimation durch Verfahren?, in: Festschrift für Larenz, 1972, S. 293 - 304.

kann, was nicht sein darf[96]. Die Falsifikationslast liegt auf Seiten der Kritiker.

Unser Anliegen, die Relevanz der Würdenorm für Gerichtsverfahren darzustellen, hängt nicht von einem Bekenntnis zu bestimmter Legitimationsform ab. Der Tendenz nach hat jedoch die Würdenorm als Taktgebot eine stärkere Wirkchance dort, wo Entscheidungen durch die Fairneß des Verfahrens legitimiert werden und nicht durch immanente Wahrheit, die gern auf Kosten der Würde geht: durch Beweiserhebungs- und Beweisverwertungsverbote werden Wahrheitsinteressen zugunsten der Würde zurückgestellt. Auch Wahrheitslegitimation scheint diese Einbuße zu vertragen ohne sich depraviert zu fühlen. Dennoch stehen Würdeinteressen der Legitimation durch Wahrheit entgegen, Würdenorm und Wahrheitslegitimation sind strukturell inkompatibel. Legitimation durch Verfahren paßt sich besser ein, weil sie Wahrheit von vornherein nur über würdeverträgliche Kommunikation vermittelt und sich dadurch nicht in maximierendem Anspruch verkürzt fühlt, sondern umgekehrt ihr Wahrheitsinteresse weniger hoch ansetzt. Damit beginnen wir, Legitimation durch Verfahren normativ zu bedenken, seine marktmechanischen Schwächen würdenormgemäß zu korrigieren. „Besonders dem Richter obliegt es, dafür zu sorgen, daß alle Beteiligten auch für schwierige, riskante, peinliche, herzzerreißende Kommunikation einen sicheren Verhaltensrahmen besitzen ...[97]." Mit anderen Worten: Der Richter muß für die Würde der Kommunikationen sorgen. Das kann er nicht, wenn er nur selber angemessen kommuniziert, sondern muß früher ansetzen und für die Angemessenheit der Situation vorsorgen, in der der Verstrickte in Ruhe eine kommunikativ gute Leistung vollbringen kann[98]. Zugespitzt lautet die Frage, ob das Gericht normativ eine Fürsorgepflicht trifft, die Beteiligten in psychisch guter Verfassung zu erhalten[99]. Provokationen können geeignet sein, einen Beteiligten so in Erregung zu versetzen, daß er der Verhandlung nicht mehr folgen kann und deshalb der Grundsatz des rechtlichen Gehörs verletzt wird. Es geht wohl zu weit, im Hinblick auf die Befindlichkeit individueller psychischer Systeme Garantenpflichten zu postulieren. Das Verfahren bietet zwei Variable, auf die Verhaltenspflichten bezogen werden können: Kommunikationen und Situationen. Beide sind geeignet, den angemessenen Verhaltensrahmen zu definieren, und vom Richter ist zu fordern, daß er die Entwicklung von Situation und Kommunikation nicht dahin kommen läßt, daß sie aus dem normativ zivilisierten Rah-

---
[96] *Esser, J.*: Vorverständnis und Methodenwahl in der Rechtsfindung, 1970, S. 207, erhebt den Vorwurf ‚peinlicher Verzerrung der Wirklichkeit'.
[97] *Luhmann,* S. 86.
[98] Siehe Fn. 97.
[99] Vgl. ebd., S. 86, Fn. 10.

men fallen. Die Würdenorm als Taktgebot gebietet Situationsfürsorgepflichten. „Legitimität beruht auf einem sozialen Klima, das die Anerkennung verbindlicher Entscheidungen als Selbstverständlichkeit institutionalisiert[100]." „Demnach geht es bei der Legitimation von Entscheidungen im Grunde um ein effektives, möglichst störungsfreies Lernen im sozialen System[101]." „Die übrigen Beteiligten ... müssen, wenn sie auf den Gang des Entscheidungsprozesses Einfluß nehmen wollen, dem Gericht einen überzeugungskräftigen, vertrauenswürdigen Eindruck machen. Sie müssen glaubwürdig erscheinen und das heißt praktisch: sich als glaubwürdig vorführen und aufführen[102]."

Hier wird deutlich, daß die Würde der Beteiligten als ihre Glaub- und Vertrauenswürdigkeit im Verfahren des Taktes in der Situation bedarf, um geachtet und geschützt zu werden. Würdewahrung hängt mit Entscheidungslegitimität insofern zusammen, als in der Würde des Verstrickten an seine Bereitschaft appelliert wird, inhaltlich noch unbestimmte Entscheidungen innerhalb gewisser Toleranzgrenzen hinzunehmen und nicht etwa gegen die Entscheidung Amok zu laufen und andere mit in den selbst geöffneten Abgrund zu reißen[103].

Der Sinn von Takt als Achtung und Schutz von Würde besteht in der Lernhilfe für den Verstrickten, die zum Umlernen Anlaß gebende Entscheidung in seine Selbstdarstellung einzubauen. Lernhilfe ist ein funktionales Äquivalent zu Macht, die sonst als geeignet gilt, andere zu motivieren, fremde Entscheidungen als Verhaltensprämissen zu übernehmen[104]. Der Witz der Legitimation durch Vertrauen besteht nun darin, von konkret ausgeübtem Zwang unabhängig zu machen, d. h. für die Anerkennung von Entscheidungen zusätzliche Gründe zu schaffen[105].

Diese zusätzlichen Gründe bringt Legitimation durch Verfahren nun so bei, daß der Verstrickte als Problemquelle isoliert wird. „Es scheint mithin, daß eine Legitimation durch Verfahren nicht darin besteht, den Betroffenen innerlich zu binden, sondern darin, ihn als Problemquelle zu isolieren und die Sozialordnung von seiner Zustimmung oder Ablehnung unabhängig zu stellen[106]." Hier liegt m. E. der schwache und würdebedenkliche Punkt der Theorie: Isolation des Betroffenen bedeutet, daß das Verfahren den Verstrickten hinsichtlich des Verfahrensthemas so wirksam „diskreditiert, daß er kein Echo für seine eigene Selbstdarstellung mehr findet"[107]. Das Zitierte ist Luhmanns Kriterium

---
[100] *Luhmann*, S. 34.
[101] Ebd., S. 35.
[102] Ebd., S. 67.
[103] Vgl. ebd., S. 28.
[104] Ebd., S. 25.
[105] sinngemäß ders., ebd., S. 25.
[106] Ebd., S. 121.
[107] Ders., Grundrechte als Institution, S. 74.

für Würdeverletzung. — Er scheint das normativ Unzulässige zu spüren: „Man muß jedoch auch an die Enttäuschung derer denken, die den Kampf ums Recht verlieren. Sie hatten normativ erwartet, also die Entschlossenheit gezeigt, nicht zu lernen, und müssen nun doch lernen. Ihre enttäuschten Erwartungen finden keine gesellschaftliche Stütze und Ermutigung mehr. Die Verlierer müssen ihre Enttäuschung durch ein gleichsam privates Assortiment von Strategien bewältigen — eine ungleiche Verteilung von Chancen, die das Dominieren der Systemstruktur sicherzustellen sucht, aber wenig Lernhilfe bietet[108]." Würdenorm und Taktgebot fordern ein Lernhilfeprogramm.

19. Freitod und Würde

Der juristische Zugang zum Selbstmordproblem ist eigentümlich verstellt. Man kann den Selbstmordversuch wehrfähiger Männer bestrafen und sieht das Selbstmordproblem dabei unter dem Gesichtspunkt der Schmälerung des Wehrpotentials. Man kann auch erörtern, ob die Unterstützung des Selbstmords unter Strafe zu stellen sei[109]. Ist es angemessen, Selbstmord rechtlich als Strafrechtsproblem zu qualifizieren?

Die Präzisierung des Würdebegriffs und die Klarstellung der Würdenormfunktion könnten dazu beitragen, das gesellschaftspolitische Selbstmordproblem vom Teilsystem Recht aus zentral anzugehen. Hier erstreckt sich ein Arbeitsfeld zur Verknüpfung von Recht und Sozialplanung[110]. Wenn man Selbstmordneigung als Krankheit definiert und der Medizin überantwortet, werden die Ursachen in die Persönlichkeit verlegt und der Kausalitätsbeitrag der Sozialstruktur vernachlässigt. Aufgabe des Rechts wäre es, einen Lösungsbeitrag zum Selbstmordproblem durch Systemanpassung zu leisten und vom einzelnen nicht bloß Normgehorsam im Sinne seiner Anpassung an das System zu fordern. Die Anpassungsleistung des Individuums werden über Sozialisation vermittelt. Nun liegt der Gedanke nah, daß auch gesellschaftliche Teilsysteme sozialisationsfähig sind und die Würdenorm dem Recht als Träger staatlicher Gewalt eine solche Systemsozialisation aufgibt. Wenn dieser Gedanke tragfähig ist, wird es Sinn der Würdenorm, die Systemsozialisationspflicht des Rechts nicht konstitutiv, aber deklaratorisch festzustellen. Gesellschaftstheoretisch ist es selbstverständlich, daß ein System, das in seiner Umwelt fortbestehen will, Anpassungsleistungen vollbringt, d. h. sie nur um den Preis seines Untergangs unterläßt.

---
[108] *Luhmann*, N.: Legitimation durch Verfahren, S. 236.
[109] Vgl. *Friebe*, R.: Soll im kommenden Strafgesetzbuch Unterstützung des Selbstmordes unter Strafe gestellt werden?, in: Goltdammers Archiv, 1959, S. 163 ff.
[110] Vgl. *Luhmann*, N.: Rechtssoziologie, Bd. 2, 1972, S. 333.

Im Selbstmord zeigen sich die Grenzen der Leistungsfähigkeit des psychischen Systems. Das psychische System verhält sich zum sozialen System wie Eigenverantwortung zu Fremdverantwortung.

Ich versuche, Selbstmord als Situation zu denken, die das psychische System definiert. Der Situationsansatz hat den Vorteil, daß das soziale System die Möglichkeit hat, die Situation mitzudefinieren, d. h. Hilfestellung bei der Situationsbewältigung zu geben. Dem gesunden psychischen System können Situationserschwerungen zugemutet werden: Normgehorsam, Wehrpflicht, Steuerpflicht. Das kranke psychische System, eines, das mit der Situation nicht fertig wird, kann seinen Bestand in situationsschwieriger Umwelt aus eigener Kraft nicht gewährleisten, es neigt dazu aufzugeben und die Motive zum Sterben überwiegen zu lassen. Das überlastete psychische System benötigt Entlastung, Situationserleichterung durch das soziale System. Die vom Individuum definierte Situation ist es, von der Verhaltenserwartungen ausgehen. Die soziale Situation, die vom Kommunikationspartner mitdefiniert wird, entscheidet über konstruktive Teilnahme oder destruktive Erschwerung fremder Situation und Selbstdarstellung. Achtung und Schutz von Würde hängen ab von der Wirkung einer Kommunikation in spezifischer Situation. Selbstdarstellung ist Kommunikation in Situation, und Takt als folgenorientierte Teilnahme an fremder Selbstdarstellung ist wirkungsbedachte Situationsmanipulation. Vermutlich wird Situation als Variable im Rahmen der Sozialtechnologie eine Rolle spielen.

Die Geschichte eines Selbstmords ist rekonstruierbar als Situationsentwicklung, die an einem bestimmten Punkt Sozialhilfe verlangte. Den Zusammenhang von Würde und Sozialhilfe macht § 1 Abs. 2 Bundessozialhilfegesetz deutlich:

„Aufgabe der Sozialhilfe ist es, dem Empfänger der Hilfe die Führung eines Lebens zu ermöglichen, das der Würde des Menschen entspricht."

Das Selbstmordproblem zeigt, daß die gegenwärtige Organisation der Sozialhilfe es nicht lösen kann.

Das Taktkonzept ist dazu ebenfalls nicht imstande. Es ist noch nicht praxisfähig, könnte dem Recht aber den Weg weisen, wie eine wirkungsvolle Selbstmordprophylaxe möglich wird: durch Psychohygiene[111].

Hygiene ist die Lehre von der Gesunderhaltung des Menschen. Psychohygiene ist die prophylaktische und therapeutische Praxis, die Leistungsfähigkeit des psychischen Systems zu erhalten und zu stärken.

---

[111] Vgl. *Menninger-Lerchental*, E.: Selbstmordproblem und Psychohygiene, in: *Brezina*, E.: Psychische Hygiene, 1955, S. 203 - 226.

Das zuvor postulierte Lernhilfeprogramm für Verlierer wäre im Rahmen der Soziohygiene auszuarbeiten, auf einem Gebiet also, das nicht genuin juristisch ist, aber rechtliche Folgeprobleme lösen hilft.

Würde, Recht und Tod haben einen weiteren Kontaktpunkt, wenn man ein Recht auf menschenwürdiges Sterben thematisiert[112]. Befreit man das Sterben vom religiösen Tabu, daß das von Gott geschenkte Leben der Eigenverfügung entzogen sei, kann Würde zum entscheidenden Argument in der Diskussion um die Sterbehilfe werden[113]. Wieder ist dem rechtlichen Denken nur der strafrechtliche Gesichtspunkt geläufig, die Gebotenheit aus anderen Gründen dagegen nicht.

Die Qualen des Todeskampfes, gleichgültig ob krankheits- oder altersbedingt, enthalten ein Würdeproblem. Man braucht ein gewisses Maß an Zukunft, um Leben als sinnvoll zu empfinden. Würde ist kein Argument zu entnehmen, qualvoll schmerzhaftes Leben ohne Aussicht auf gesunde Zukunft bis zum Ende durchstehen zu müssen. Dagegen ist ihr sehr wohl ein Argument zu entnehmen, dem dringenden Wunsch des todgeweihten Patienten auf Linderung und Sterbehilfe taktvoll zu entsprechen. Die Londoner Euthanasia Society hat den Entwurf eines Gesetzes vorgelegt, das in bestimmten Fällen die Euthanasie erlauben soll bei unheilbar Kranken, die sie wünschen[114]. § 6 bestimmt, daß jeder kurz vor dem Tode stehende Patient berechtigt ist, so viele schmerzlindernde Mittel zu erhalten, daß er völlig schmerzfrei ist. Und wenn keine Mittel mehr helfen, kann der Patient auf seinen Wunsch hin in bewußtlosem Zustand gehalten werden[115]. Generell wäre an die Einrichtung von Sterbekliniken zu denken, um die Situation des nahenden Todes zu erleichtern.

20. Menschenwürde im Betrieb

In Industriebetrieben finden werktätige Menschen Arbeitssituationen vor, die nicht gekündigt werden können. Wem die Arbeitsbedingungen nicht behagen, der mag gehen, die Arbeitssituationen aber bleiben bestehen. Die Arbeitssituation ist vordefiniert und geschlossen, viel **Spielraum** zur Eigendefinierung der Situation besteht nicht. Hier fragt sich, ob Arbeiter zur Umwelt des produzierenden Systems gehören und in welcher Richtung Anpassungsprozesse laufen. Betrachtet man Gesellschaft als das umfassende soziale System, dann wird deutlich, daß Politik, Wissenschaft, Recht, Medizin und Wirtschaft als besondere

---
[112] Vgl. *Moor*, P.: Die Freiheit zum Tode, 1973.
[113] Vgl. *Schröder*, H.: Kommenentar zum StGB, Vorbem. 13, 14 vor § 211.
[114] *Moor*, S. 304 ff.
[115] *Moor*, S. 307.

Teilsysteme des Ganzen ausdifferenziert sind. In dieser Perspektive ist die menschliche Person ein psychisches System, dessen Bestand in verschiedenen Umwelten verschiedene Probleme hat. Wir haben voraufgehend Würde als ein Bestandsproblem jedes psychischen Systems im Rahmen von Recht und Medizin betrachtet. Dabei ist nicht klar, was als System, was als Umwelt gilt. Beide Perspektiven sind möglich. Personen, psychische Systeme, sind die Adressaten der Systemleistungen, insofern Umwelt. Durch diese Standortbestimmung aus soziologischer Perspektive entsteht ein besonderes Würdeproblem: Der Mensch als Krone der Schöpfung findet sich aus seinem Mittelpunktbewußtsein verdrängt und in die Umwelt versetzt wieder. Die Person — ein Problem des Umweltschutzes.

Dem Arbeiter als psychischem System entstehen durch seine Verstrickung ins Wirtschaftssystem spezifische Schwierigkeiten. Sozialwissenschaftlich relativ unberatene Literatur sieht das Würdeproblem darin, daß der Mensch in der industriellen Arbeitswelt auf folgende Weise zum Objekt erniedrigt wird: Ausbeutung im Wege des Einstreichens des Mehrwerts der Arbeit, jederzeit drohende Arbeitslosigkeit, psychophysisches Arbeitsleid durch Überanstrengung, Monotonie und Gesundheitsgefährdung, Fremdbestimmung der Produktionsziele und Arbeitsprozesse[116].

Hier zeigen sich strukturelle Schwächen, Gefährdung und Störungen der Arbeitssituation. Wer Würde personal konzipiert, stellt das Problem so: Wie kann ich als einzelner Arbeiter angesichts von drohender Arbeitslosigkeit und Gesundheitsgefährdung meine Würde trotzdem wahren? An dieser Stelle wird deutlich, daß effektive Maßnahmen zugunsten von Würde nicht personal, sondern strukturell situativ zu erfolgen haben.

Die personale Eigenverantwortung für Würde kommt in ihrer Leistungsfähigkeit über eine kleinförmige Bandbreite nicht hinaus. Hier liegt der Grund, warum ich das Verhältnis von Würde und Gewissen nicht näher erörtere. Gewissensprobleme werden selbst zunehmend situativ gelöst, indem vorweg Alternativen bereitgestellt werden, die der Entstehung von Gewissensnot zuvorkommen. — Damit ist nicht gesagt, daß personale Würdeeigenverantwortung nicht vorkommt, sondern nur, daß auch sie sich in der Kontingenz des situativen Kontextes abstützen muß. Der Einfluß der ausdifferenzierten Teilsysteme auf Würde liegt in der Gestaltung der Situationen, denen die psychischen Systeme ausgesetzt sind.

---

[116] Vgl. *Vilmar*, F. (Hrsg.): Menschenwürde im Betrieb, 1973, S. 23; *Brock*, A. u. a.: Die Würde des Menschen in der Arbeitswelt, 1969, S. 127 ff.

21. Würde als systemrationales Element

Was geschieht, wenn würdeblinde Organisation routinemäßig Situationen reproduziert, die Würde verletzen? Zunächst ist klar, daß dem Problem nicht dadurch abgeholfen wird, daß es einzelnen gelingt, die Situation gleichwohl zu meistern. Die Frage bezieht sich auf das Verhältnis der Umwelt zu ihren Teilsystemen. Die Umwelt hält sich Systeme, auf daß sie Dienste leisten. Man kann nicht sagen, jede Gesellschaft hat die Teilsysteme, die sie verdient, beide sind im Interesse ihres Fortbestandes aufeinander angewiesen. Aber die Umwelt kann ihre Systeme leichter wechseln als umgekehrt.

Die Würdenorm ist eine direkte Verhaltensanweisung der Verfassung an das politische System. Die Verfassung nennt mit der Würdenorm die Bedingung, unter der das politische System bei seinen Adressaten Systemvertrauen, also Vertrauen in das System auslöst, Zustimmung findet und nicht durch Revolution, durch konkrete Negation des Ganzen bedroht wird. Kein System kann verhindern, daß seine Umwelt es in seiner Ersetzbarkeit bedenkt. Die ‚Große Weigerung' meint den Boykott von Systemveranstaltungen, die in ihren Voraussetzungen und Wirkungen eher Mißtrauen erregen. Die Würde des Menschen ist die Gretchenfrage an das System, das Kriterium, von dem nicht zuletzt die Ersetzungswürdigkeit des Systems abhängt. Würde ist ein Bezugspunkt und Hauptnenner, auf dem System und Umwelt sich treffen. Die Zustimmung, die das politische System für sein Fortbestehen braucht und findet, hängt ab vom Würdenormgehorsam, den das politische System schuldet. Die Rechtstreue der Bürger, ihre Ansprechbarkeit auf politische Anliegen stehen in reziprokem Zusammenhang mit dem Würdenormgehorsam des politischen Systems. Unter diesem Gesichtspunkt wäre die Systemrationalität des Strafrechts zu prüfen. Das Bundesverfassungsgericht hat sich der Einsicht nicht verschlossen, daß Freiheitsstrafe unter sechs Monaten verbrechensfördernde Wirkung auf den Bestraften haben und deshalb im Interesse der Persönlichkeit und Würde des einzelnen eingeschränkt wurden[117]. Was folgt daraus für längerdauernde Freiheitsstrafen? Entsprechen sie der Würde des Menschen um so besser, je länger sie dauern? Das Bundesverfassungsgericht begründet die Würdeverträglichkeit langer Freiheitsstrafen durch die Erfolgschancen nachhaltiger Erziehungsarbeit[117]. Sind Übelzufügung und Vergeltung dann noch legitime Strafzwecke? Die gegebene Begründung trägt nur, wenn Erziehungsarbeit die anscheinend unvermeidliche kriminelle Infektion effektiv überkompensiert. Andernfalls ist Freiheitsstrafe eine Problemlösung, die dysfunktional mehr Probleme zeugt als sie löst, mithin eine Fehlleistung des politischen

---

[117] BVerfGE 28, S. 389.

Systems, die Systemvertrauen kostet, wenn im Kontingent denkbarer Problemlösungen nachweislich bessere Alternativen sich anbieten. Mißtrauen erregen auch solche Rechtfertigungen von Problemlösungen, die ihre Effizienz nicht klar ausweisen oder sich vorwiegend traditionell legitimieren. Dahinter verbergen sich Reflexionsdefizite.

Gegenwärtig kann das politische System nicht verhindern, daß mehr Umweltprobleme auftreten als gelöst werden. Unter der Parole der ‚Lebensqualität' verbirgt sich ein Würdeinteresse, daß die Problemlösungskapazität dem Problemanfall überlegen sein möge, widrigenfalls der Wähler eine andere Systemsteuerungsmannschaft in den Sattel heben wird.

Die Würdenorm bezeichnet den Kontaktpunkt von Systemleistung und Umweltbedarf. Die Bedarfsmeldung ist nur ganz unzureichend über einzelprivate Klagebefugnis zu erreichen. Das politische System hat sich über seine Nachtwächterrolle hinaus dynamisiert. Es erfüllt die Würdenorm, um Zustimmung zu erhalten und Systemvertrauen auszulösen. Hierfür ist erforderlich, daß das politische System seine Leistung modal und rechtzeitig bedarfsmäßig anbietet. Hier liegt der Sinn, warum Würde auf Kommunikation und Takt auf Situation bezogen zu denken sind. Das hat seine Richtigkeit, wenn man das politische System als System von Interaktion begreift[118]. Angebot und Nachfrage des politischen Systems und seiner Umwelt müssen in gemeinsamem Sinn kompatibel sein. Zu seiner Effektivität braucht das politische System Kontaktvariable: Kommunikationen und Situationen, in denen Nachfrage und Angebot erst als Informationen, dann als Leistungen ausgetauscht werden: Dienstleistung gegen Systemvertrauen.

Übrig bleibt das Herrschaftsproblem: Luhmann denkt es um und hinweg. „Für (die Systemtheorie) ist Vernunft kein Kriterium und Herrschaftsfreiheit eine schlichte Selbstverständlichkeit des Denkens ...[119]." Darin liegt ein Anspruch auf Weltveränderung durch Umdenken in dem Sinn, daß eine Wirklichkeit nicht real ist, wenn sie zunehmend mehrheitlich nicht als real definiert wird. Vielleicht wird man zweispurig vorgehen müssen: Herrschaft abbauen und Herrschaft umdenken.

Vorläufig bietet sich nur die Möglichkeit, den Mißbrauch von Herrschaft in Kommunikationen und Situationen mit dem Entzug von Systemvertrauen zu beantworten.

---

[118] *Luhmann*, N.: Politische Planung, 1971, S. 46.
[119] Ders.: Theorie der Gesellschaft ..., S. 401.

Literaturverzeichnis

Adler, H. G.: Der verwaltete Mensch, Studien und Materialien zur Deportation der Juden, Tübingen 1974.
Adorno, Th. W.: Negative Dialektik, Frankfurt/M. 1966.
— Der Positivismusstreit in der deutschen Soziologie, Neuwied—Berlin 1969.
Badura, P.: Generalprävention und menschliche Würde, Juristenzeitung (JZ) 1964, S. 337 - 344.
Baker, H.: The Dignity of Man, A Study of Human Dignity in Classical Antiquity, the Middle Ages and the Renaissance, Harvard 1947.
Baldwin, J.: Menschenwürde und Gerechtigkeit, Berlin-Ost 1969.
Bally, G.: Pflege und Gefährdung der Menschenwürde, Zeitschrift für Ev. Ethik 1957, S. 175 - 185.
Barth, K.: Kirchliche Dogmatik, Bd. III/1, München 1927.
Baumann, J.: Minima non curat praetor, in: Einheit und Vielfalt des Srafrechts, Festschrift für K. Peters, Tübingen 1974, S. 3 - 14.
Behrendt, R. F.: Menschenwürde als Problem der sozialen Wirklichkeit, Gütersloh 1967.
Bloch, E.: Naturrecht und menschliche Würde, Frankfurt/M. 1961.
Bochenski, J. M.: Die kommunistische Ideologie und die Würde, Freiheit und Gleichheit der Menschen, in: Schriftenreihe der Bundeszentrale für Heimatdienst, Heft 21 (1956).
Brock, A., und andere: Die Würde des Menschen in der Arbeitswelt, Frankfurt 1969.
Brunner, E.: Der Mensch im Widerspruch, Die christliche Lehre vom wahren und wirklichen Menschen, Zürich 1941.
Bülow, E.: Kommunikative Ethik, Düsseldorf 1972.
Dreitzel, H.-P.: Die gesellschaftlichen Leiden und das Leiden an der Gesellschaft, Vorstudien zu einer Pathologie des Rollenverhaltens, Göttingen 1968, zitiert nach Taschenbuchausgabe Stuttgart 1972.
Drexler, H.: Dignitas, Göttinger Universitätsreden, 1944.
Durkheim, E.: The Elementary Forms of Religious Life, Glencoe Ill. 1947.
Dürig: Grundgesetzkommentierung zu Art. 1 GG, in: Maunz / Dürig, Grundgesetzkommentar, 4. Aufl., München—Berlin 1974.
Dürig, W.: Dignitas, in: Reallexikon für Antike und Christentum, Bd. 3, Stuttgart 1957.
— Imago — Ein Beitrag zur Liturgie und Theologie in frühchristlicher Zeit, 1952, Münchner Theologische Studien.
Eltz, J. v.: Das goldene Anstandsbuch, ohne Ort 1902.
Eisler, R.: Kant — Lexikon, Hildesheim 1961.
Eschweiler, K.: Die zwei Wege der neueren Theologie, Augsburg 1926.

Esser, J.: Vorverständnis und Methodenwahl in der Rechtsfindung, Frankfurt/M. 1970.

Faller, F.: Die rechtsphilosophische Begründung der Autorität bei Thomas von Aquin, 1954, in: Utz-Bongras, Sammlung Politeia 5, Freiburg/Schweiz.

Friebe, R.: Soll im kommenden Strafgesetzbuch Unterstützung des Selbstmordes unter Strafe gestellt werden?, in: Goltdammers Archiv 1959, S. 163 ff.

Fuchs, J.: Situation und Entscheidung, Frankfurt/M. 1952.

Gadamer, H. G.: Wahrheit und Methode, Tübingen 1972, zitiert aus 2. Aufl. 1965.

Goffman, E.: Stigma — Über Techniken der Bewältigung beschädigter Identität, deutsch Frankfurt/M. 1967.

— Wir alle spielen Theater, Die Selbstdarstellung im Alltag, deutsch München 1969.

— Interaktionsrituale — über Verhalten in direkter Kommunikation, deutsch Frankfurt/M. 1971.

— Das Individuum im öffentlichen Austausch, deutsch Frankfurt/M. 1974.

Grimm, J. und W.: Deutsches Wörterbuch, Bd. 7, Leipzig 1889.

Hegel, G. W. F.: Sämtliche Werke in 20 Bänden, Jubiläumsausgabe Glockner (Hrsg.), Stuttgart 1927.

Heiss, R.: Die Lehre vom Charakter, Leipzig 1936.

Hermes, G.: Einleitung in die christkatholische Theologie, 2. Aufl., Münster 1831.

Hoffmann, R.: Menschenwürde und Arbeitswelt, in: Kritische Justiz 1970, S. 48 - 60.

Horkheimer, M.: Studien über Autorität und Familie, 1936.

Horn, J. C.: Monade und Begriff, Der Weg von Leibniz zu Hegel, Berlin 1965.

Ihering, R. v.: Der Takt, Aus dem Nachlaß hrsg. und eingeleitet von Christian Helfer, in: Nachrichten der Akademie der Wissenschaften in Göttingen, I. Phil.-Hist. Klasse, Jg. 1968 Nr. 4, S. 78 - 97.

Kamlah, W. / Lorenzen, P.: Logische Propädeutik, Mannheim 1967.

Kant, I.: Theorie-Werkausgabe, hrsg. von Weischedel, Werke in 12 Bänden, Wiesbaden/Frankfurt/M. 1956 - 1964.

Karrenberg, F.: Evangelisches Soziallexikon, Stuttgart 1963.

Kriele, M.: Theorie der Rechtsgewinnung, entwickelt am Problem der Verfassungsinterpretation, Berlin 1967.

Kühling, P.: Richter und Strafvollzug aus der Sicht junger Gefangener, in: Monatsschrift für Kriminologie und Strafrechtsreform, 1970, S. 270 - 272.

Kühne, H.-H.: Strafprozessuale Beweisverbote und Art. 1 I GG, Diss. Saarbrücken 1969.

Künkele, S.: Die positiv-rechtlichen Auswirkungen des Art. 1 Abs. 1 Satz 1 GG, Diss. Tübingen 1958.

Lautmann, R.: Justiz — Die stille Gewalt, Frankfurt/M. 1972.

Lenz, J.: Die Personwürde des Menschen bei Thomas von Aquin, in: Philosoph. Jahrbuch 49 (1936), S. 139 - 166.

Löw, K.: Ist die Würde des Menschen im Grundgesetz eine Anspruchsgrundlage?, in: Die öffentliche Verwaltung, 1958, S. 516 - 520.

Luhmann, N.: Grundrechte als Institution (Zitatkürzel : GaI), Ein Beitrag zur politischen Soziologie, Berlin 1965.
— Vertrauen, Ein Mechanismus der Reduktion sozialer Komplexität, Stuttgart 1968.
— Legitimation durch Verfahren (Zitatkürzel : LdV), Neuwied/Berlin 1969.
— Soziologische Aufklärung, Aufsätze zur Theorie sozialer Systeme, Köln/Opladen 1970.
— Zur Funktion der ‚subjektiven Rechte', in: Jb. für Rechtssoziologie und Rechtstheorie, Bd. 1 (1970), S. 322 - 330.
— Politische Planung, Aufsätze zur Soziologie von Politik und Verwaltung, Opladen 1971.
— Rechtssoziologie, 2 Bände, Reinbek 1972.
Luhmann, N. / Habermas, J.: Theorie der Gesellschaft oder Sozialtechnologie, Frankfurt/M. 1971.
— Gerechtigkeit in den Rechtssystemen der modernen Gesellschaft, in: Rechtstheorie 4 (1973), S. 131 - 167.
— Rechtssystem und Rechtsdogmatik, Stuttgart 1974.
Maihofer, W.: Rechtsstaat und menschliche Würde, Frankfurt/M. 1968.
Mann, Th.: Bekenntnisse des Hochstaplers F. Krull, 1954.
Moor, P.: Die Freiheit zum Tode, Ein Plädoyer für das Recht auf menschenwürdiges Sterben, Reinbek 1973.
Menninger-Lerchental, E.: Selbstmordproblem und Psychohygiene, in: Brezina, E.: Psychische Hygiene, Wien—Bonn 1955, S. 203 - 226.
Meyer, J. E.: Depersonalisation, Darmstadt 1968.
Münch, F.: Die Menschenwürde als Grundforderung unserer Verfassung, Bonn 1951.
Muth, J.: Pädagogischer Takt, Heidelberg 1962.
Nipperdey, H.-C.: Die Würde des Menschen, in: Neumann / Nipperdey / Scheuner: Die Grundrechte, Bd. 2, Berlin 1954, S. 1 - 50.
Noüy, Lecompte de, P.: La dignité humaine, 1952.
Ohm, A.: Persönlichkeitswandel unter Freiheitsentzug, Auswirkungen von Strafen und Maßnahmen, Berlin 1964.
Partsch, K. J.: Von der Würde des Staates, in: Recht und Staat, Heft 343, Tübingen 1967.
Pico della Mirandola, G.: De dignitate hominis, 1490, Bad Homburg v. d. H. 1968.
Popitz, H.: Über die Präventivwirkung des Nichtwissens, Dunkelziffer, Norm und Strafe, Tübingen 1968.
Popper, K. R.: Die Logik der Sozialwissenschaften, in: Adorno, Th. W.: Positivismusstreit (siehe dort), S. 103 - 124.
Rheinfelder, H.: Das Wort ‚Persona', 1928, in: Zeitschrift für romanische Philologie, Beiheft 77.
Ritter, Chr.: Der Rechtsgedanke Kants nach den frühen Quellen, Frankfurt/M. 1971.
Rottleuthner, H.: Klassenjustiz?, in: Sonnemann, U.: Wie frei ist unsere Justiz?, München 1969, S. 48 - 79.

Rupp, H.-H.: Grundfragen der heutigen Verwaltungsrechtslehre, Tübingen 1965.

Santeler, J.: Die Grundlegung der Menschenwürde bei I. Kant, Innsbruck 1962.

Scharpf, F.: Die politischen Kosten des Rechtsstaats, Tübingen 1970.

Schmid, K.: Zur Zulässigkeit graphologischer Gutachten, Neue Juristische Wochenschrift 1969, S. 1655 - 1657.

Schmid, R.: Unser aller Grundgesetz?, Praxis und Kritik, Frankfurt 1971.

Schmidt, S. J.: Bedeutung und Begriff, Zur Fundierung einer sprachphilosophischen Semantik, Braunschweig 1969.

Schöllgen, W.: Menschenwürde — geschichtsmäßiges Ideal oder utopische Hoffnung?, in: Gewerkschaftliche Monatshefte 1971, S. 113 - 125.

Schopenhauer, A.: Aphorismen zur Lebensweisheit, Kröner, Stuttgart 1956.

Schröder, H.: Strafgesetzbuch — Kommentar, zitiert nach 15. Aufl., 1970.

Schütz, L.: Thomas-Lexikon, Stuttgart 1958.

Schulz, W.: Philosophie in der veränderten Welt, Pfullingen 1972.

Skinner, B. F.: Jenseits von Freiheit und Würde, deutsch Reinbek 1973.

Sorokin, P. A.: Die Wiederherstellung der Menschenwürde, Frankfurt/M., deutsch 1952.

Strauss, A. L.: Spiegel und Masken, Die Suche nach Identität, deutsch Frankfurt/M. 1968.

Tausch, A.-M. / Langer, I.: Soziales Verhalten von Richtern gegenüber Angeklagten; Merkmale, Auswirkungen sowie Änderungen durch ein Selbst-Training, in: Zeitschrift für Entwicklungspsychologie und pädagogische Psychologie 1971, Bd. 3, Heft 4, S. 283 - 303.

Tausch, R. / Tausch, A.: Reversibilität / Irreversibilität des Sprachverhaltens in der sozialen Interaktion, in: Psychologische Rundschau 1965, Bd. 16, S. 28 - 42.

Thesaurus Linguae Latinae, Thomus V 1 Lipsiae MDCCCCXXXIV.

Thielicke, H.: Theologische Ethik, Bd. 1, 4. Aufl., Tübingen 1972.

Thomas von Aquin: deutsch-lateinische Ausgabe der Summa Theologica in 36 Bänden, Salzburg—Leipzig 1933 - 1966.

Vierkandt, A.: Gesellschaftslehre, Stuttgart 1928.

Vilmar, F. (Hrsg.): Menschenwürde im Betrieb, Reinbek 1973.

Wegehaupt, H.: Die Bedeutung und Anwendung von dignitas in den Schriften der republikanischen Zeit, Diss. Breslau 1932.

Wertenbruch, W.: Grundgesetz und Menschenwürde, Ein kritischer Beitrag zur Verfassungswirklichkeit, Köln—Berlin 1958.

Wieacker, F.: Rechtsprechung und Sittengesetz, Juristenzeitung 1961, S. 337 bis 345.

Wittenberg, A. I.: Vom Denken in Begriffen, Basel 1957.

Wurzbacher, G.: Der Mensch als soziales und personales Wesen, Stuttgart 1963.

Zippelius, R.: Legitimation durch Verfahren?, in: Festschrift für Karl Larenz 1972, S. 293 - 304.

Printed by Libri Plureos GmbH
in Hamburg, Germany